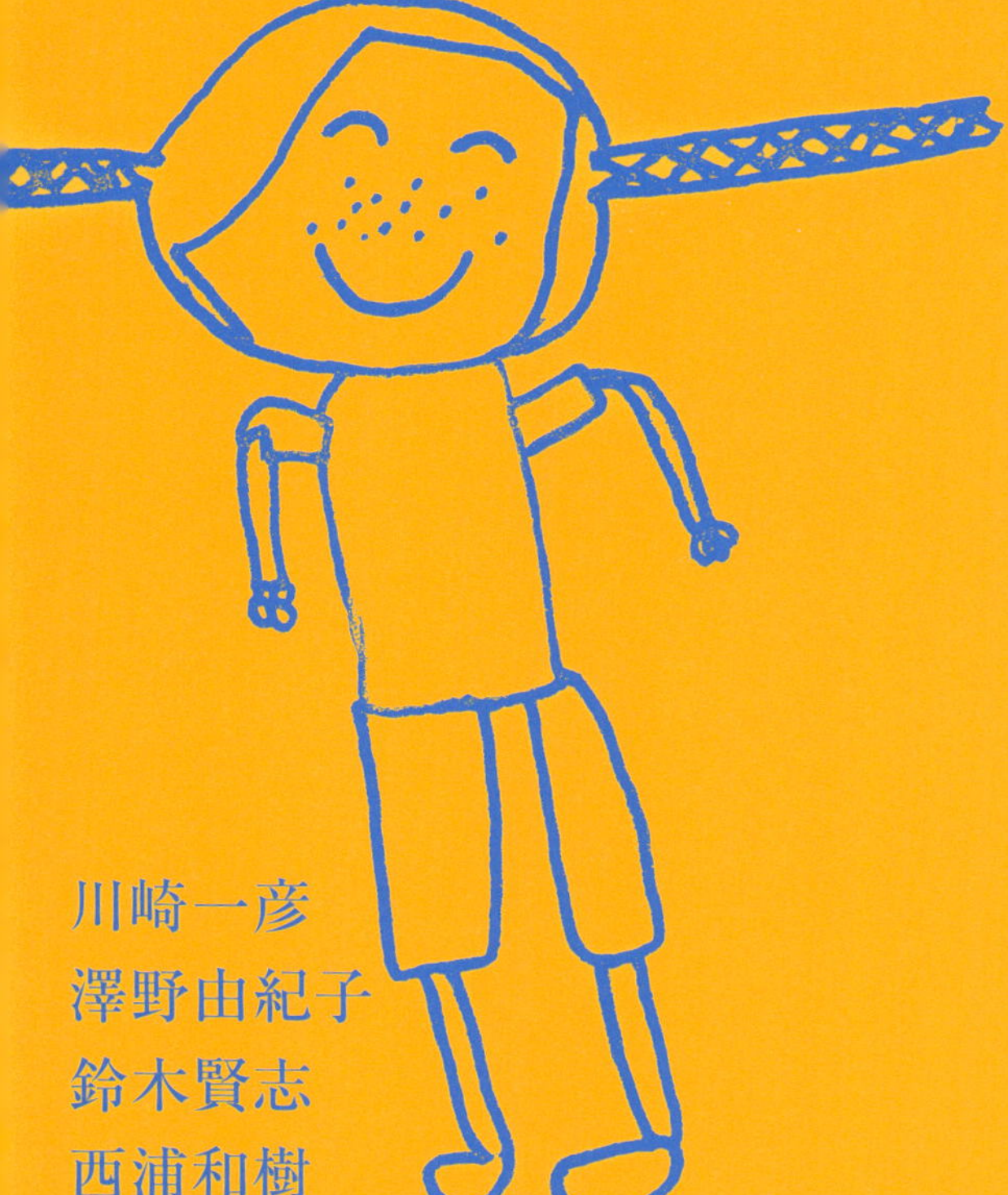

川崎一彦
澤野由紀子
鈴木賢志
西浦和樹
アールベリエル松井久子

みんなの教育 スウェーデンの「人を育てる」国家戦略

ミツイパブリッシング

序文

スウェーデン大使館公使参事官　ヴィクトリア・フォシュルンド＝ベラス

スウェーデンの教育に注目して頂けるのは嬉しいことです。

スウェーデンは教育に力を入れています。教育費の対ＧＤＰ（国内総生産）比は約八パーセントで、世界のトップ水準にあります。今日の知識社会では教育を優先することにより国際競争力を維持できる、という考え方です。

具体的な教育制度は極めて分権化されています。地域、学校、個別の先生の裁量権が大きく、生徒に考えさせる工夫がなされた教育が行われています。

生涯学習の可能性も特色でしょう。教育法の対象は一歳からで、社会人になっても、失業しても、リタイア後も学び続けることができる持続可能なシステムがあり、実際に活用されています。スウェーデンの授業料は基本的に無料です。

スウェーデンの教育も日本の教育もそれぞれの良さがあります。スウェーデンと日本の外交関係樹立一五〇周年という記念すべき年に、両国がより良い教育について意見交換することは極めて有意義でしょう。
本書がその議論に寄与することを期待しています。

二〇一八年二月二日

みんなの教育 スウェーデンの「人を育てる」国家戦略

目次

はじめに

川崎一彦

本書を手に取られたあなたはスウェーデンや北欧ウォッチャーでしょうか、あるいは教育に興味があって本書を手に取りましたか？

スウェーデン通には自明のことかもしれませんが、本書の理解を深めるために、スウェーデンの理解のポイントを簡単に解説します。

スウェーデンは北欧にある人口一〇一二万人（二〇一七年末）の小国です。二〇世紀初めまでは欧州でも貧しい農業国で、一八六〇～一九三〇年の七〇年間に、当時の人口の四分の一にあたる約一二〇万人が米国などに移民しました。

しかしその後の工業化は著しく、数々のグローバル企業を輩出し、同時に世界最高水準の福祉国家を築き上げてきました。二度の世界大戦でも中立非同盟を貫き、第二次世界大戦後は国連など国際舞台で和平や軍縮をリードしてきました。

先進国が抱える高齢化問題は高福祉政策で対応、男女平等と働き方政策を含む子育て政策を充実させ少子化を克服。一九九〇年代の不況も、高いイノベーション力、産業の「知業化」とグローバル化、そして医療、介護、年金など福祉システムの見直しで乗り越えました。

二〇一五年には一六万三千人もの難民を受け入れ（人口当たりの数は欧州一）、世界の注目を集めました。移民政策については、学校という社会でいかにインクルージョンのための努力が払われているかが、本書第3章でリポートされています。

知人のエドヴァルド・フリートウッド瑞日基金専務によれば、スウェーデン人はタイプとして、アメリカ人と日本人の両方の性質をもつ、と言います。つまり個人の自立性を尊重すると同時に、高福祉国家の前提条件としての連帯意識に対する広いコンセンサスがあり、この双方が共存しているのです。

包括的、普遍的な福祉制度や、「福祉の糧」たる産業基盤を骨子とする「スウェーデン・モデル」は、世界中から常に注目されてきました。少子高齢化や経済成長の低迷などの先進国の課題を乗り越えているのは、環境変化に対応する政策の柔軟性も大きな要因です。

日本では、バブル経済崩壊や大震災、少子高齢化、「失われた二〇年」など閉塞感著しかった平成の時代から、ポスト平成への期待を高めざるを得ない状況です。

そのヒントを、経済成長、多文化共生、持続可能性をパラレルに推し進めるスウェーデンの教育に見いだすことができないか。こうした意図から本書では、「就学前教育からの起業家精神教育」「アウトドア教育」「インクルーシブ教育」「主権者教育」「生涯学習」などのキーワードで、スウェーデンの教育事情を紹介します。

スウェーデン人が初めて日本にやってきたのは一七世紀に遡ります。江戸時代の鎖国中、唯一入国を許された長崎出島のオランダ商館に、オランダ人のふりをして来日したのです*。四世紀近くにわたる日本とスウェーデンの交流をベースに、本書がこれからの教育のあり方を考える一助になれば幸いです。

＊注

＊ Edström, B（2018）*Sverige – Japan 150 år av Vänskap och Samarbete*（スウェーデンと日本　一五〇年の友情と協力）, Sweden Japan Foundation.

第1章 スウェーデンの起業家精神教育

川崎一彦

1 いま求められる教育とは？

変わる産業構造

知業時代が始まっています。

私は一五年間スウェーデンで暮らした後、一九八八年から二〇一三年まで二五年間、札幌の東海大学国際文化学部に勤務していました。札幌に赴任した頃はバブル崩壊の直前。当時はスウェーデンと比べて日本の街も車もピカピカだったのが新鮮な記憶として残っています。

そしてバブルは崩壊し、その後の日本経済は「失われた二〇年」と後世に呼ばれる時代に入りました。一九八〇年代までの「ジャパン・アズ・ナンバーワン」の時代との変化は、あまりにも明確でした。世界のＧＤＰ(国内総生産)総額に占める日本の比率は一七・七パーセント(一九九五年）から六・五パーセント（二〇一六年）にまで減少しています。

その重要な要因の一つが日本の教育、というのが私が到達した結論です。

いま先進国の文明は、知業（知識産業、知恵産業）の時代に入っています。知業とは、ソフトウェア、情報、デザイン、ブランド、特許、サービスなどの知的財産が主に付加価値を生み出す産業構造です。

しかし、教育を含む日本の社会構造は、「知業化」への対応では、スウェーデンを含む欧米先進国に大きく遅れています。「失われた二〇年」や今日の日本社会に山積する様々な課題は、その結果の一面とも解釈できます。

正解のない時代

知業社会においては、工業社会とは異なる新たな教育の考え方とシステムが必要です。

戦後の日本の教育制度は、大学受験をクリアすることを目標にして、個性や長所を伸ばすよりも欠点のない子どもを育てるための詰め込み教育でした。他の人が考えつかない創造性よりも、他の人が考えた知識の丸暗記が強調されました。学校では正解が必ずあるとの前提で、いかに速く、正解に辿り着くかの競争をしてきました。

しかし今日の社会では、正解が必ずあるとは限りません。正解があるにしても、一つとは限らず、そもそも、問題課題を自分で見つけてくるスキルが必要とされます。そうしたスキルを身につけるためには、「どれだけ」情報を吸収するかよりも、「何を選んで」吸収するかという判断力が必要です。速読よりも、どの本を読むのか、が重要とされます。

スウェーデンは福祉先進国として有名ですが、同時に経済と持続可能性の面でも世界のお手本となるパフォーマンスを示しています（図表１-１・２）。福祉と経済の両立は可能であり、知業社会では、むしろ福祉と経済が相互補完関係にある構図が見えてくるのです。

教える教育から学ぶ教育へ

経済、福祉、持続可能性を並立させる鍵は、「知業時代に対応する教育システム」にあると言えます。

スウェーデンを含む北欧諸国では、「誰でも、いつでも、必要なこと」を学べることが国民に保障されています（第５章参照）。そして、学び続けることは、それ自体が楽しく、喜びであり、自己実現の手法である、と考えられています。北欧諸国は、世界幸福度報告書（World Happiness Report）で上位の常連国です（二〇一七年の結果は一位ノルウェー、二位デンマーク、三位アイスランド、四位フィンランド、スウェーデンは一〇位）。ＯＥＣＤ（経済協力開発機構）の〝より良い暮らし指標〟でもノルウェー（一位）、デンマーク（二位）、スウェーデン（四位）と、北欧諸国が上位を占めています。個々の国民は幸せであり、同時に経済の国際競争力も強化できる、という構図は可能であることを、北欧諸国は実証しています。こうした考えから私は北欧の起業家精神教育に注目し、東海大学勤務時代には様々な実践を重ねてきました[1]。

北欧の起業家精神教育は、狭義の起業家教育ではありません。知業時代に対応する、広範な教育の意識改革なのです。基本的な考え方は「教える教育から学ぶ教育へ」「内容よりも方法を重視」「全ての科目にわたって〝起業家精神教育〟的考え方を導入する」などのコンセプトからなります。

図表 1-1　日本とスウェーデンの経済成長率の推移

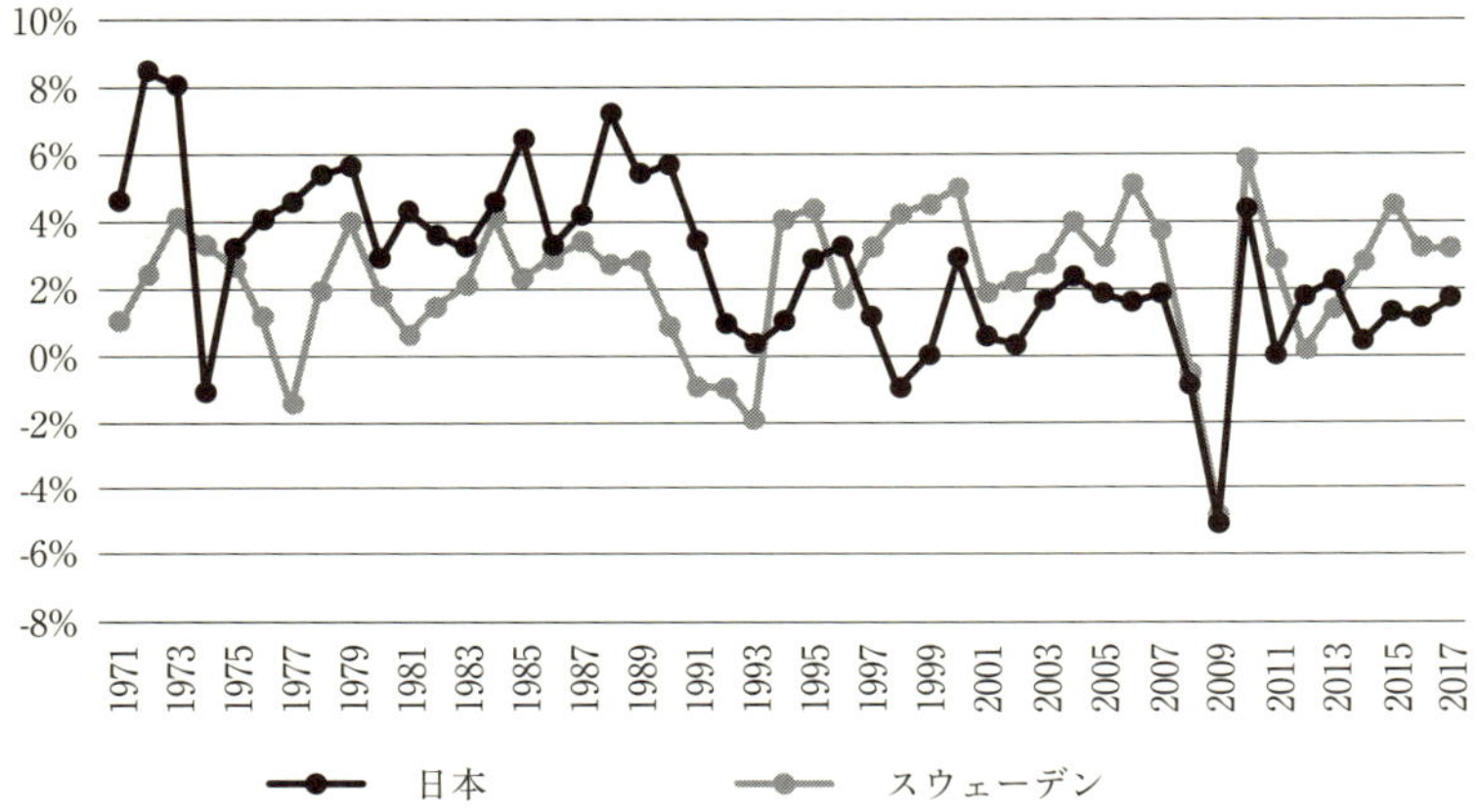

資料：OECD、OECD Data（https://data.oecd.org/）
2017 年 1 月 24 日取得のデータより鈴木賢志が作成

図表 1-2　環境パフォーマンス指数（2016）

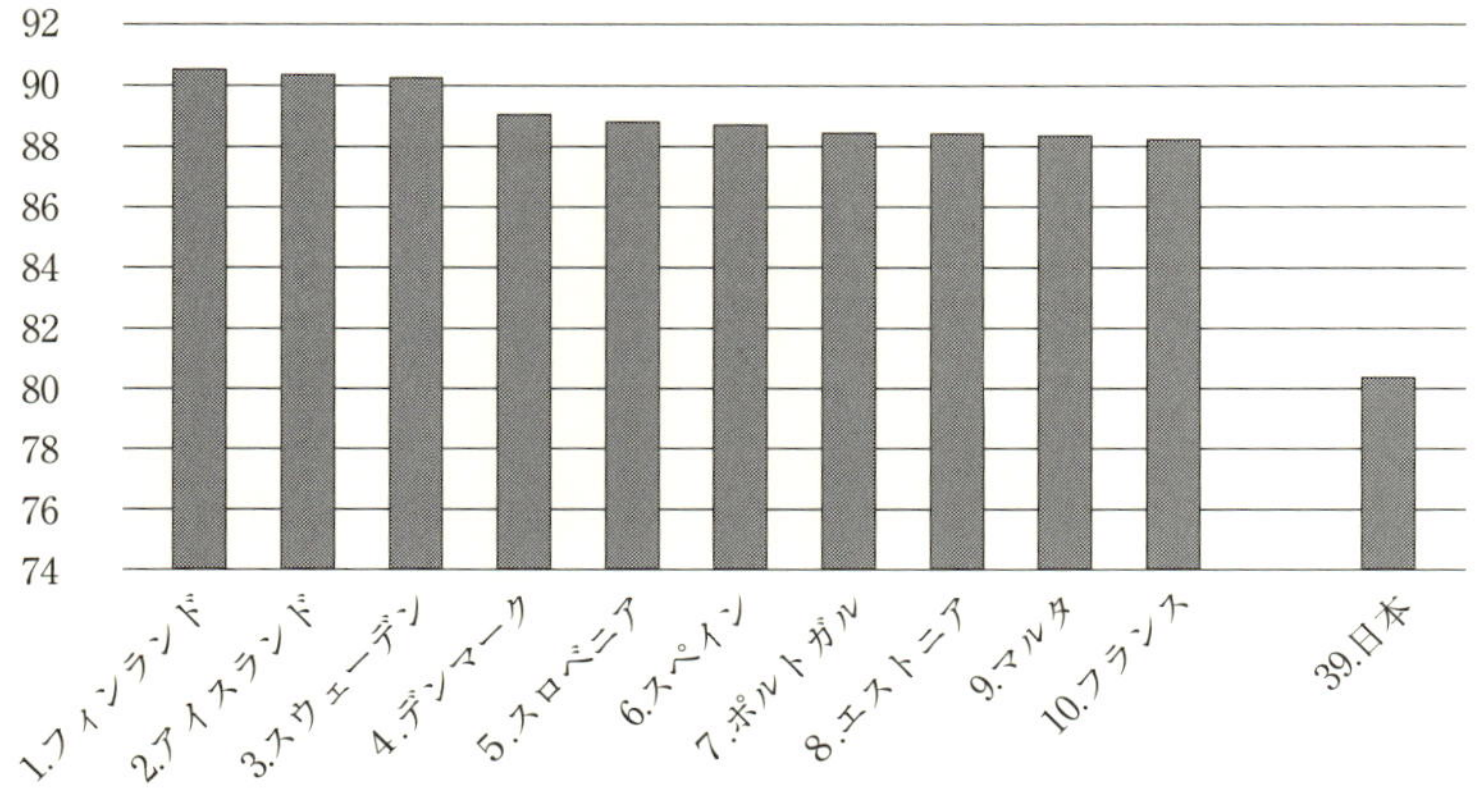

資料：Yale University, Columbia University, and World Economic Forum（2016）
2016 Environmental Performance Index のデータより鈴木賢志が作成

そして現場では、主として「自分で考え判断する態度の育成」「学ぶ動機の維持」「実社会との壁を取り払うこと」の三点を主眼とした教育が行われています。

教師はコーディネーター

例えば、近年学力の高さで注目されてきたフィンランドでは、一九八〇年代から起業家精神は内的と外的に分けられるようになりました。外的起業家精神は、独自のビジネスをスタートさせて経営することであり、一般的に起業家精神と言われているものです。一方、内的起業家精神は、創造性、自己効力感（self-efficacy）、柔軟性、活動、勇気、イニシアティブとリスク管理、方向性、協調性とネットワーク能力、ものごとを達成するモチベーション、常に学び続ける態度、空想性、豊かな発想、我慢強さなどを意味します。内的起業家精神は、外的起業家精神の前提条件とされています。

一九九〇年代、フィンランドやスウェーデンでは、大きな教育改革が行われました。一つには分権化、すなわち、予算による管理から目標による管理への移行、二つ目に学習到達度や教育の効率の評価システムの導入を主とする、大きな変革でした。政府は到達目標のみを設定し、その方法や具体的な授業の内容は、地方自治体、学校、そして個々の教師に権限が委譲されたのです。北欧の初等中等教育の教師を対象に実施された、教師の重要な役割の意識についてのアンケート調査で最も重視されていた役割は、生徒の提案・アイディア・イニシアティブを奨励することや自分で責任を負うことを手助けすることで、知識の伝達は何と最下位でした。教師はあくまでコーチであり、コーディネーターであるべき、という考えが主流になったのです。

北欧では、こうした知的財産立国政策が奏功し、一九九〇年代後半以降、スウェーデンやフィンランドは経済復興を遂げ、世界最高水準の経済競争力を持つに至りました。フィンランドからはノキア、スウェーデンからはエリクソンや家具のイケア、衣料品のH&Mなどグローバル企業が生まれていることは、日本でもよく知られています。

アイディアを行動へ移す能力

起業家精神の考え方について、もう少し詳しく説明しましょう。フィンランド教育省は、起業家精神を「アイディアを行動に翻訳する個人の能力」と定義しています。これは、創造性を発揮してユニークなアイディアを生み出し、さらに単なるアイディアで終わらせずに行動に移す、という二面の能力を要求しているのです。

就学前から起業家精神教育を導入する必要性を、「二一世紀の産業社会では職業生活でも常に変化を受け入れざるを得ない。その対応の準備は不可欠である。今後の新たな雇用機会は大企業や公共部門から中小企業にシフトする」と説いています[2]。

内的起業家精神は、起業するしないにかかわらず、大企業に勤める人にも、公務員にも必要な資質と位置付けられてきました。二一世紀という知業時代の基本的教育哲学と言っていいでしょう。北欧諸国では、この起業家精神教育が就学前から意識されてきたのです。

2　スウェーデンの起業家精神

高い起業マインド

就学前教育を紹介する前に、スウェーデンの起業に関するデータを紹介します。ＧＥＭ（Global Entrepreneurship Monitor）という調査があります。起業活動に関する世界で最も大規模な調査です。その結果によれば、スウェーデン人やフィンランド人の起業マインドが先進国中で高く、一方で日本は低迷していることがわかります。

具体的な数字をみていきましょう。日本とスウェーデンの両国が参加した二〇一五年のＧＥＭ調査には、六二カ国／地域が参加しています。[3] ＧＥＭでは、各国の起業活動の活発さをあらわす指標として「総合起業活動指数（Total Early-Stage Entrepreneurial Activity：TEA）」という尺度を開発し、継続的にフォローしています。企業の「誕生期」と「乳幼児期」の合計を各国の起業活動者としており、これらの起業家が成人人口に占める割合がＴＥＡです。

スウェーデンのＴＥＡは二〇〇七年の四・二パーセントから二〇一五年には六・七パーセントに増加しています。同じ時期、日本のＴＥＡは四・三パーセントから四・八パーセントに微増したものの、**図表1‐3**にみるように、二〇一五年の日本のＴＥＡはイノベーション主導型経済国中、ドイツに次ぎ下から二番目でした。なおＧＥＭでは経済のタイプを要素主導型経済（ベトナム、インド、フィリピン、アフリカ諸国など）、効率主導型経済（中国、マレーシア、南米諸国など）、

図表 1-3　各国の TEA（2015）

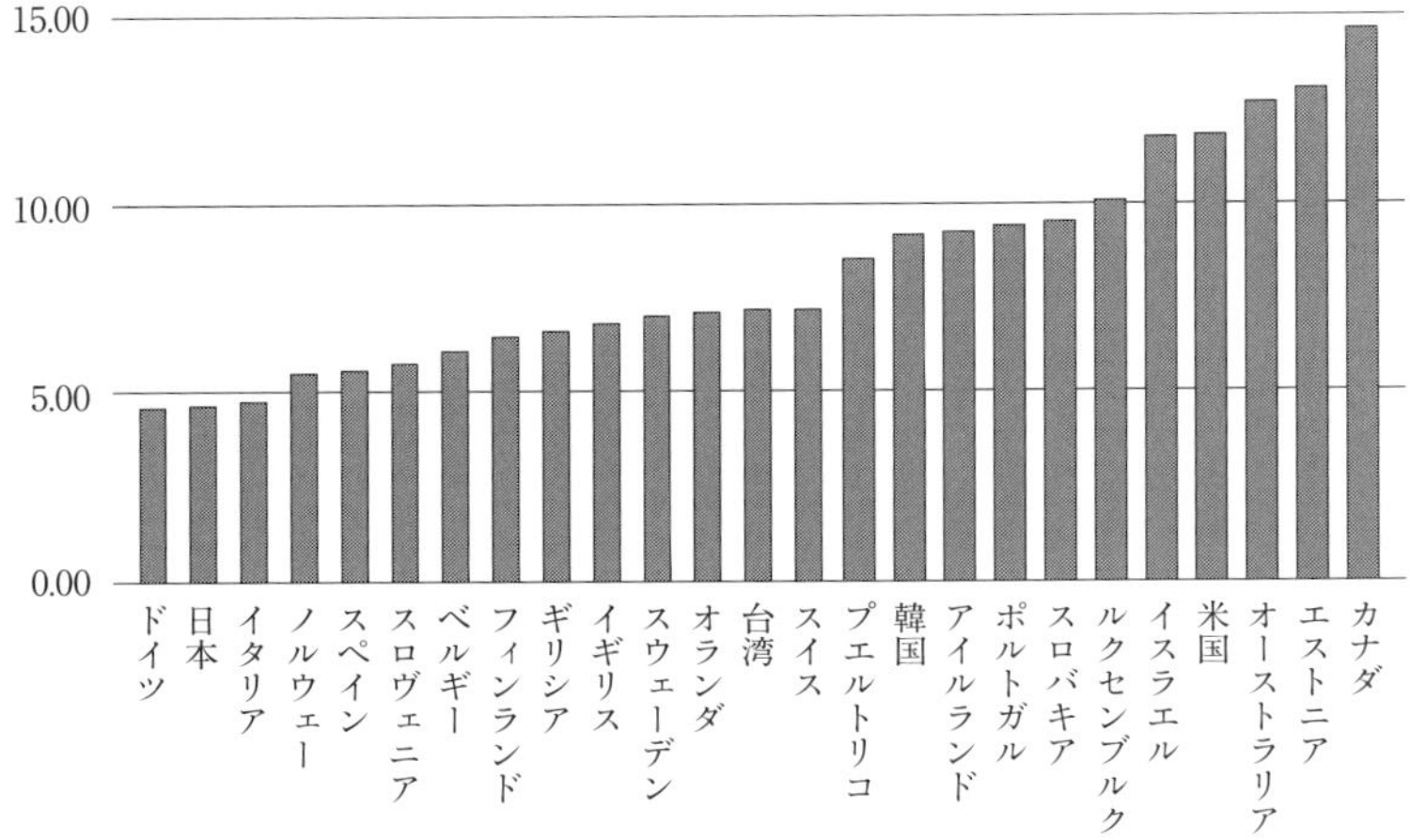

資料：野村総合研究所（2016）「平成 27 年度 起業・ベンチャー支援に関する調査 起業家精神に関する調査報告書」よりイノベーション主導型経済圏を抽出

そしてイノベーション主導型経済の三つに分けています。

身近な起業家ロールモデル

ＧＥＭの質問の一つに、「過去二年間に、新しく事業を始めた人を個人的に知っていますか」という問いがあります。ロールモデルが近くにいるかを確認する質問で、起業活動浸透（ロールモデル）指数を測る質問です（**図表1-4**）。「はい」と答えた人の比率がイノベーション主導型経済の中で最も高いのはイスラエルで、スウェーデンは四番目。日本（一八・六パーセント）は最下位から二番目でした。

ＧＥＭでは、事業機会の認識についても尋ねています（**図表1-5**）。「今後六カ月以内に、自分が住む地域に起業に有利なチャンスが訪れると思いますか」という質問で、スウェー

図表 1-4　起業活動の浸透（2015）

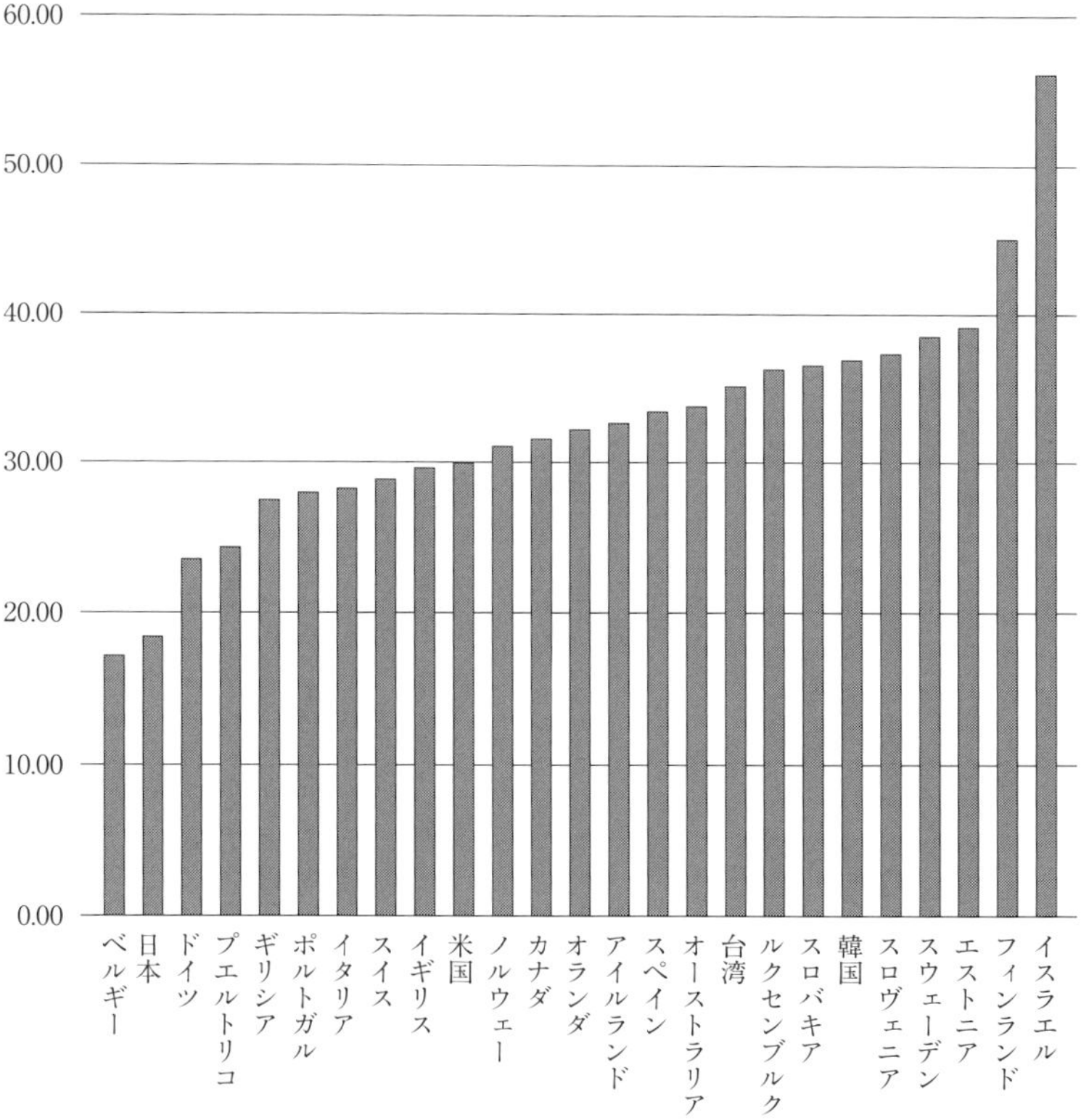

資料：野村総合研究所（2016）「平成 27 年度 起業・ベンチャー支援に関する調査 起業家精神に関する調査報告書」よりイノベーション主導型経済圏を抽出

図表 1-5 事業機会の認識（2015）

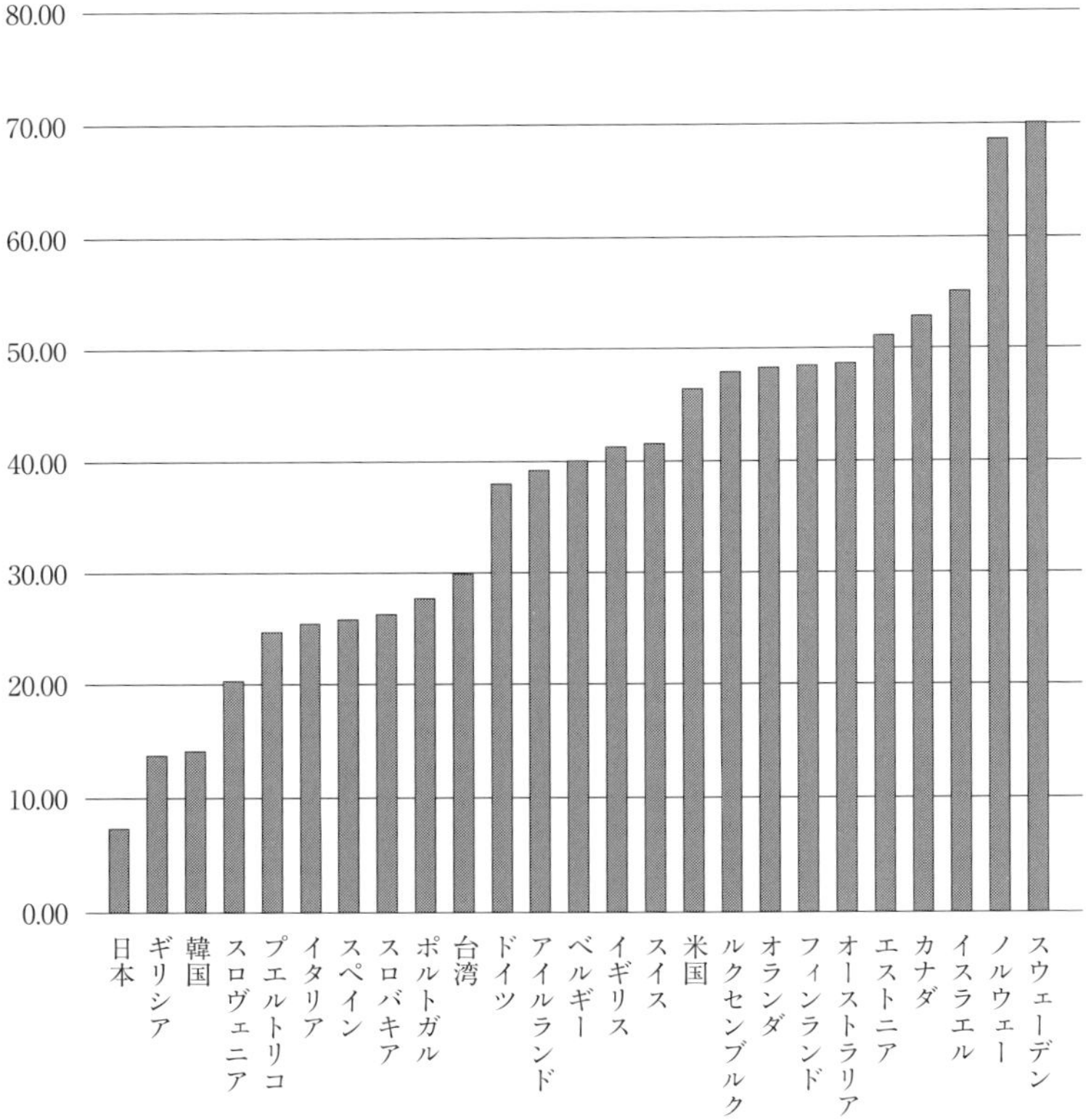

資料：野村総合研究所（2016）「平成 27 年度 起業・ベンチャー支援に関する調査 起業家精神に関する調査報告書」よりイノベーション主導型経済圏を抽出

デンは「はい」と答えた人の比率が世界一でした。イノベーション主導型経済圏では、スウェーデン(七〇・二パーセント)、ノルウェー(六八・九パーセント)といった北欧諸国の水準が高い一方、日本（七・六パーセント）の水準が低いのが注目されます。

なお二〇一三年のＧＥＭでは、起業家の幸福度調査も行われました。[4] これは、主観的ウェルビーイング（Subjective WELL-BEING: 主観的幸福度）及び、ワークライフバランスに関する調査で、スウェーデンは起業家の人生に関する満足度が、人口全体よりも高い唯一の国でした。

起業家への憧れはあっても、自ら経営者となって企業活動を継続するのは大変なこと。経営者であるより雇われているほうが楽で、ワークライフバランスや幸福度も高い、と考える日本人は多いでしょう。しかし、この調査結果は、スウェーデンの起業家が、ワークライフバランスを保ち、高い幸福度を維持していることを物語っています。

スウェーデン人の夢の職業

スウェーデンの人事コンサルタント企業マンパワーは、二〇〇六年以来、「スウェーデン人の夢の職業」の調査を実施しています。スウェーデンの労働力人口を対象に実施され、二〇一七年三月の調査では四七九三人のスウェーデン人が回答しました。[5] 二〇一七年の第一位はプロジェクト・マネジャー。起業家は四番に入っています（**図表1－6**）。

夢の職業に惹かれる理由については、**図表1－7**のような項目があげられています。スウェーデン人は自己啓発にもなり、ワクワクし、個人の自由度が高い仕事に憧れ、その結果、プロジェクト・マネジャーや起業家が上位にランクされているようです。

かつてスウェーデンの主要産業はボルボ、サーブ、エリクソンなどの製造業でした。近年はイケアやH&MなどのSPA（製造小売業）、IT通信のスカイプ、音楽ストリーミングのスポティファイ、またゲームのマインクラフトなど、起業家型企業が世界的な活躍を見せています。

3　スウェーデンの就学前教育

幼保一体化の実現

スウェーデンでは一九九八年、実質的に幼保が一体化され、学校庁の管轄となりました。スウェーデンの就学前学校には一歳から五歳までの子どもがいます。一九九八年の学校法によれば、自治体は一歳児から就学前学校を提供する義務があります。また保育教育費等の養育費は家計支出の一～三パーセントに制限され、実際にかかる費用の九二パーセントが公的財源から補填されています。[6]
三歳から、日本の小中学校に当たる基礎学校入学までは、年間五二五時間まで無料です。四～五歳児の九五パーセント、一～五歳児の八四パーセントが登録しています。[7]
学校庁の統計によれば、スウェーデンでは二〇〇五～二〇一五年の間に、就学前学校の子どもの数が五割ほども増えています。ベビーブーム（自然増）と移民・難民（社会増）が要因です。
しかし、クラスあたりの子どもの人数、スタッフ一人あたりの子どもの数は安定しています（**図**

図表 1-6　スウェーデン人の夢の職業

	2017	2015	2013	2009	2008
1	プロジェクト・マネジャー	社長	社長	エンジニア	エコノミスト
2	エンジニア	人事マネジャー	人事マネジャー	起業家	エンジニア
3	管理者	管理者	起業家	作家	インテリア・デザイナー
4	起業家	プロジェクト・マネジャー	エンジニア	人事マネジャー	マーケター
5	エコノミスト	エンジニア	エコノミスト	エコノミスト	作家
6	探検家	エコノミスト	作家	ミュージシャン	探検家
7	経営コンサルタント	販売マネジャー	経営コンサルタント	経営コンサルタント	起業家
8	セールスマン	セールスマン	マーケター	パイロット	ミュージシャン
9	作家	生産マネジャー	ミュージシャン	探検家	医師
10	コミュニケーター／マーケター	作家	教師	写真家	警察官

図表 1-7　夢の職業に惹かれる理由

自己啓発にもなる	46%
ワクワクする	35%
他の人を支援する可能性ができる	25%
個人の自由度が高い	25%
高い給与が得られる	25%
意味があり大切と思える	24%

表1-8）。一七人程度のクラスには通常、就学前学校教師一人、アシスタントが二人配属されます。スウェーデンの就学前学校の教育・保育要領（Lpfö98）は、以下のような基本的価値観についての文言で始まっています。

就学前学校は民主主義の土台の上に立っている。学校法は、子どもたちが知識と価値観を獲得し育てることを明記している。子どもの成長と学び、一生学び続ける意欲を育成する必要がある。就学前学校の重要な責務はスウェーデン社会の基礎にある人権及び民主主義の価値観を尊重させることである。[8]

そして起業家精神については、以下のように記述されています。

大人は子どもが信頼感と自信を持つように支援をすべきである。子どもたちの好奇心、起業家精神、そして興味を励まし、学ぶ意欲と意思を刺激すべきである。[9]

さらにスウェーデンの基礎学校等の学習指導要領では、起業家精神教育についてさらに踏み込んで記述されています。

学校は生徒の創造性、好奇心、自信、そして自分のアイディアを試し、問題を解決する態

図表 1-8　スウェーデンの就学前学校における子ども、スタッフ、クラス数の推移

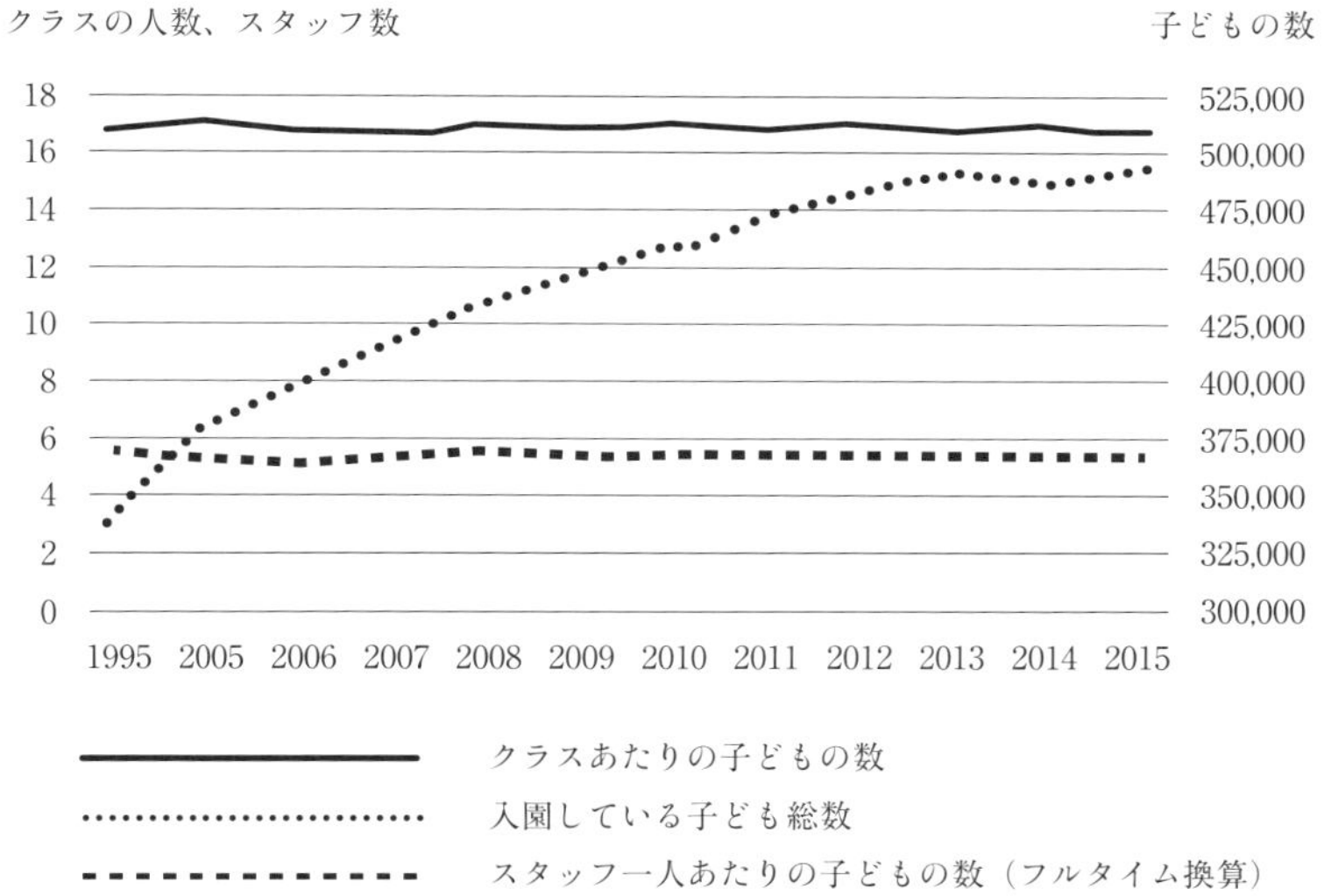

資料：学校庁、https://www.skolverket.se/

度を刺激すべきである。生徒は自分でイニシアティブと責任を取り、自分一人でもチームでも作業をする能力を育てる機会を与えられるべきである。学校はそれによって生徒が起業家精神を育てることに寄与すべきである。[10]

学校の二〇年後のビジョンを考える

それではスウェーデンの就学前学校では実際にどのような起業家精神教育を行っているのでしょうか？　ここではスウェーデンで高い評価を得ている、ヘルシングボリ市の就学前学校のケースをご紹介します。

ヘルシングボリ市はスウェーデン最南部にあり、約四キロ先の対岸にデンマークが見える人口約九万人の風光明媚な都市です。「ヘルシングボリ２０３５」と銘うち、「人にとっても企業にとっても、創造的で、ワクワクし、グローバルで、協同し、バランスの取れた町を目指す」というビジョンを打ち出しています。

ヘルシングボリ市の教育委員会では、このビジョンをベースに、二〇三五年の学校のビジョンを次のように記述しています。

　ワクワクする学校
　私たちは子どもたちの意欲、遊び、いたずら、真剣さを大切にします。ヘルシングボリではお互いに激励し、知識とアイディアをシェアし、楽しみます。[11]

ヘルシングボリ市では持続可能性にも力を入れており、就学前学校ではアウトドア教育を推進しています。ヘルシングボリ市の教育センターによれば、アウトドア教育を重視する理由として、環境の中に出かけ（in）、環境について学び（on）、環境のために何ができるかを考え（for）、環境と共に人間が統合される（with）、という広範な視点の全てを得られる、という説明でした。ヤットルード・エーク教育センター前所長にヘルシングボリ市で働くことを決めた理由を尋ねると、「他の自治体ではやろうとしないことにも挑戦する気風があったから」と断言されました。氏の回答にも、北欧的起業家精神教育を見てとることができます。

互いに学び合う力を育てる

後述するようにヘルシングボリ市の就学前学校は、スウェーデン国内でも高い評価を受けています。教師たちの実践体験談をまとめた『子どもたちの遊びから始める力　ヘルシングボリの就学前学校からの八つの経験談』[12]には、「学びのコンテンツについてのモデル」が紹介されています（**図表１-９**）。

このモデルでは、縦軸横軸ＡＢＣＤの全ての要因が重要であると指摘されています。これからの学びは、先生から教わることに加え、友だちの意見や考えを聞いてそこから学んだり、それに対して違う意見を言ったりして一緒に考えていく、協同し学び合う力が大事になるという考え方です。**図表１-９**中、Ｄの「グループによる学び」の意図するところです。

起業家精神教育の視点からは、特に縦軸Ａ「空想、ありうる答え、未知の知識、創造性、イノベーション」の要素が、内的起業家精神の内容と一致しています。

好奇心と疑問を大事にする

スウェーデンの就学前学校では、具体的にどのような遊びが展開されているのでしょうか。『子どもたちの遊びから始める力』から、フローヘム就学前学校の事例を紹介します。四～六歳児二一人が在籍する星組の例です。

最も大切にされているのは、「子どもの好奇心」「意欲」「関心」、そして「子どもたちの疑問」です。遊びをスタート地点として、教師、子どもが次のステップを一緒に考えます。遊びには、教師も真剣に取り組みます。遊びの中で子どもたちは、教師や大人が思いもよらないことを言ったりしますが、それらも認める必要があります。

フローヘム就学前学校の二〇一五年度の目標は、「子どもたちが様々な形で言葉と出会い、言語及びコミュニケーション能力を高める」ことでした。その目標に到達するため、ここでは、子どもの遊びからスタートする方針を決定しました。

クラスを一グループ数人程度のグループに分けました。グループ分けは固定的なものではなく、子どもの関心や役割によって、所属するグループや役割も変えるようにしました。

プロジェクトは、ある童話にある魔女スープを作ることから始まりました。この魔女スープを飲むと、人は別のものに変身させられてしまいます。

園外の森や公園でもスープを作ったり、魔女のお家を作ったり、子どもたちの空想がどんどん

図表1-9　学びのコンテンツについてのモデル

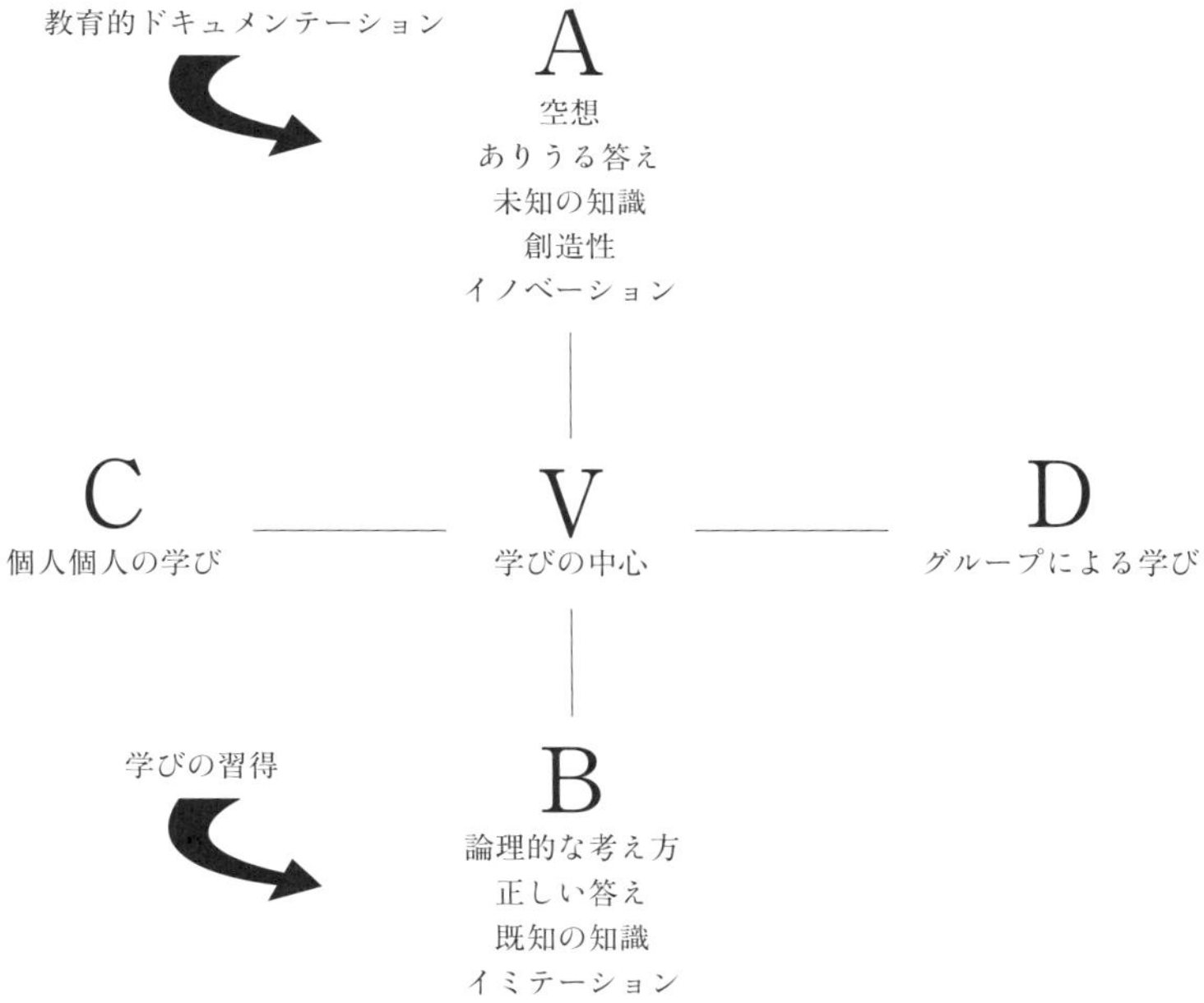

広がります。例えば子どもたちは、魔女スープのレシピを紙とペンでメモします。

園内の「建築コーナー」では、魔女のテーマに関連する色々なものを作りました。子どもたちは、そこにいるのはどんな人々か、いま何が起こっているかなどを述べるうちに、さながら作家、イラストレーターになっていったのです。

子どもたちは登場人物が住むためにお城が必要という結論に達し、段ボールでお城を作り、タブレットのアプリを使ってアニメーションまで作りました。

園内には子どもたちが活動を振り返り、思いつきやアイディアを書き込めるボードが設置されました。これらの工夫から子どもたちの空想、創造性がさらに広がりました。

このプロジェクトを振り返り、ヴィクトリア・アンダション園長は「全ての子どもたちが学び方、就学前学校の活動に十分な影響を与えられるように、教師は責任を持つべきである」と指摘しています。

このプロジェクトは翌年、算数のテーマで引き継がれました。クラスで一つの共通テーマ（魔女の話）を遊び続けたことで、「子どもたちの相互コミュニケーション能力が高まり、一緒に協力し、刺激し合うようになりました。フローへム就学前学校では、新しく入った子どもも一緒に学ぶ気風ができたのです」とアンダション園長は言います。

左上＊ヘルシングボリ市内8園の主任と園長が学びと意見交換を重ねた記録『子どもたちの遊びから始める力 ヘルシングボリの就学前学校からの8つの経験談』の表紙。子どもたちは「魔女のスープ作り」をしている。**右上**＊子どもたちによる魔女のイラスト。**左下**＊登場人物の住むお城のイメージをふくらませていく。**右下**＊活動の振り返りをボードに記録する。

4　子どもの権利としてのエデュケア

学校の評価システム

スウェーデンでは、一九九七年から学校（園）の質の報告が各学校に義務づけられました。ヘルシングボリ市教育センターのカリーナ・ヴェルステッド・ヨハンソン（Carina Wällstedt Johansson）氏によると、ヘルシングボリ市では、就学前学校の評価にクオリス（Qualis）という企業の評価測定システムが採用されています。クオリスには、スウェーデンの約五〇の自治体（スウェーデンの自治体の約二割）が参加しています。

この評価で、毎年ヘルシングボリ市の就学前学校は、上位にランクされています。後述するサンクトヨルゲン就学前学校は、二〇一四〜二〇一五年度のクオリスで、スウェーデンのベストの就学前学校との評価を得ました。特に子ども、保護者、そして教師の参加と影響力が高く評価されました。

クオリスは、子ども、保護者、スタッフへのアンケート、インタビュー等をもとに、園事業の任務に関する項目（学び、子どもの参加と影響力、方法と教師の役割、保護者との関係など）、園事業の任務遂行を支援する項目（組織、リーダーシップ、コミュニケーション、能力、資源の有効利用、イメージ）の合計一一項目をチェックします（**図表1-10**）。

クオリスの他にも、学校庁が提供している、ブルーク（ＢＲＵＫ）と呼ばれる自己チェックシ

図表１-10　就学前学校の評価（クオリスの例）

クオリスで使われるもの
・スタッフと園長による活動の自己評価 ・スタッフ、子ども、保護者が答えるアンケート ・園長が文書で答える回答 ・外部専門家による質、改善の必要な分野についての報告

クオリスがチェックする就学前学校の質（分野別）
1）園事業の任務に関する項目 ・子どもたちの進展状況と学び ・規範と価値観 ・子どもの参加と影響力 ・学び方と教師の役割 ・保護者との関係 2）園事業の任務遂行を支援する項目 ・組織 ・リーダーシップ ・コミュニケーション ・能力 ・資源の有効利用 ・イメージ

クオリスのメリット
・事業の強みと弱みを明示する ・質改善のための基礎資料を作成する ・使い方が容易 ・スタッフの参加、団結、責任の意識を高める ・事業の任務について理解を高める ・測定可能な結果を提供する ・参加している園の間のネットワークと経験の交換の場を提供する

ステムもあります[13]。これは、学校法、指導要領などをベースに、教育活動を自己診断できるシステムです。使っている手法やプロセスが、結果や目標にどのような影響を与えるかを分析し、目標、実行、前提条件の基準を探ることができます。

大きな改革

ヴェルステッド・ヨハンソン氏はスウェーデン南部のクリシャンスタド大学卒業。一九八六年から三〇年余にわたって、ヘルシングボリ市の保育園・就学前学校で教師を務めました。一～六歳、全ての年齢層の子どもを担当し、マリア・パルク就学前学校の副園長も経験しています。二〇一五年からはヘルシングボリ市教育センターで就学前学校の教育開発、教員研修などに従事するほか、大学で非常勤講師も務めています。後述する静岡県私立幼稚園振興協会の研修生受け入れも担当。レッジョ・エミリア・アプローチ認定ペダゴジスタ（教育専門家）でもあります。

ヴェルステッド・ヨハンソン氏によれば、九〇年代以降のスウェーデンの教育改革のポイントは、次の点とのことでした。

スウェーデンの就学前教育は、一九九六年に社会省から教育省に所管が変更になりました。名称も「フォアスコーラ（förskola, 就学前学校）」と変更され、幼保一体化が実行されました。それまでのデイケアセンター、パートタイム・デイケアセンターから、就学前学校へ。これは、非常に大きな変化でした。

一九九八年には、就学前学校の教育・保育要領（Lpfö98）が導入されました。これによって

図表１-11　ヘルシングボリ市の就学前学校の一日（例）

6:00-9:00	子どもたちが来園
9:00-11:00	プロジェクト・テーマ活動
11:00-12:30	昼食
12:30-14:30	読書　テーマ・アウトドア活動
14:30-15:00	おやつ
16:30-18:00	親が迎えに来る　閉園

就学前学校への入所についての考え方も、大きく変わりました。教育および保育は、働いていたり学んでいたりといった保育を必要とする親の要求に応えるためだけではなく、家庭の状況にかかわらず、全ての子ども自身に保障されるべき権利である。入学は子どもの権利であることが、明示されたのです。そして保育が必要な家庭の子どもだけではなく、全ての家庭の子どもを対象としたのと同時に、就学前学校は「生涯学習の第一歩」と明確に位置付けられたのです。

エデュケアモデル

一歳児以降を対象とするケアと教育の機能を統合したスウェーデンのこのユニークな「エデュケア（EDUCARE）」モデルは、ＯＥＣＤやＥＵからも注目されてきました。この就学前教育・保育要領は従来の家族政策としての就学前学校の機能を保持するとともに、教育学的な役割を強化しています。教育目標が明確になり、教師にも子どもにも、そして保護者にも好意的に受け止められました。個人で、そしてグループで一緒に学ぶこと、子どもの興味・意思を尊重し、認識・経験による学びを追求する方向性も、当事者と関係者に高く評価されました。

就学前学校の通常の一日は、図表1-11のような流れです。朝早く登園する子どもには、朝食が出されます。就学前学校のクラス平均人数は一六・九人（一〜三歳児は一三・六人、二〇一四年の実績）です。原則、学士レベルの教育を受けた就学前学校教員が少なくとも一人以上含まれる、三人のチームでクラスを担当します。そのチームで園全体の方針のもと、プロジェクト活動やテーマ活動を計画、実施、評価します。

独自の方法を開発するのは楽しい

上述のように、スウェーデンにおける就学前教育・保育要領（Lpfö98）では、どんな境遇の子どもも就学前学校に通う権利を持っている、と考え方の大きな改革が行われました。その要領は、どのように現場まで伝わっているのでしょうか。

基本的な政策は教育省が打ち出し、教育省が就学前教育・保育要領を作成します。その方針が順守されているかどうかを学校庁が監督し、実際の事業責任は自治体や民間事業団体が担い、その枠組みの中で就学前学校は運営されています。Lpfö98は、スウェーデンの伝統的な幼児教育実践をベースとしながら、レッジョ・エミリア・アプローチも取り入れたものでした。

ヴェルステッド・ヨハンソン氏は、「Lpfö98は到達目標ではなく、〝努力〟目標を提示している」と言います。

保護者にも変化があったようです。かつてより参加、支援する機会が増え、関わりが密になったとヴェルステッド・ヨハンソン氏は感じています。なおスタッフは、園長と年二〜三回、六〇

〜九〇分の「スタッフとの個別対話」で、仕事の目標や賃金について話し合うそうです。

国が目標を示すだけで、地方自治体が実行の責任を負い、また就学前学校は常に評価されます。「教師のみなさんにプレッシャーはあるのでしょうか？」と尋ねると、「プレッシャーはあまり感じません。研修、研鑽し、独自の方法を開発するのは楽しいこと。それが推奨され、評価されることもポジティブにとらえています」とヴェルステッド・ヨハンソン氏は言います。

課題は教師不足

スウェーデンの就学前学校における今後の課題について尋ねると、「教師の不足」が第一にあがりました。前述のように国の原則としては、クラスの三人チームの保育者のうち、学士レベルの教育を受けた就学前学校教員が少なくとも一人以上含まれることとされていますが、実現できていない園もあるようです。

二つ目の課題は、二〇一八年から導入が予定されている、改定要領の「教育」のあり方への対応です。多様性、デジタル化、就学前学級（六歳児）の義務化など、大きな変化が見込まれています。

就学前教育・保育要領にある「子どもたちの好奇心、起業家精神、そして興味を励まし、学ぶ意欲と意思を刺激すべきである」という指摘の意義は、時代と共に大きくなっています。「子どものイニシアティブと創造性を育み、チャレンジしてみることを推奨する教育は、これまで以上に力を入れていく必要がある」とヴェルステッド・ヨハンソン氏は言います。

学ぶ意欲を高める環境作り

クオリスで高い評価を得るサンクトヨルゲン就学前学校のスローガンは、「子どもたちを待っている就学前学校」です。学校のビジョンは、次のように明記されています。

跳んでみよう――そして世界をゲットしよう
見てもらい聞いてもらえると、私は安心します。
安心すると、他の人も見てみようと思います。
他の人と一緒だと、責任を持って参加する気持ちがわきます。
参加していると、意欲と喜びがわいてきます。
そして人生について学びます！

サンクトヨルゲン就学前学校でベースとされているのは、レッジョ・エミリア・アプローチです。レッジョ・エミリアは世界的に注目されているイタリア発祥の幼児教育実践法で、スウェーデンの幼児教育でも広く取り入れられています。

重視するのは「自主性と協調性を育むプロジェクト活動」「インクルージョンの学び環境」「記録を活用するドキュメンテーション」などです。ドキュメンテーションは就学前学校に限らず、スウェーデンの学校で一般的に実践されており、子どもたち同士や教師との会話、活動の様子をメモや録音、写真、動画として記録し、パネルにしてみんなが目にできる所に掲示します。そしてペダゴジスタと呼ばれる教育専門家、アトリエスタと呼ばれる美術専門家が配置されています。サンクトヨルゲン就学前学校ではさらに、次のような目標が重視されています。

子どもの自己肯定感を高める
子どもの好奇心を大切にする
学ぶ意欲は環境が作る
ドキュメンテーションが子どもの学びを可視化する
一緒に行動すると意味がある

子どもたちが一緒に、また一人でも学びたい意欲を高める「インクルージョンの学び環境」を大切にします。この環境は、アトリエや工房といった建物や構造、水、空想的な遊び、音楽やドラマ、デジタル技術などで作り出されます。五感の全てを使い、遊びや探究心を刺激することを意識した環境です。

広場へ

サンクトヨルゲン就学前学校の近年のプロジェクトとして、「子どもの一番好きな場所への関係」「子どもの公共の場所への関係」を紹介します。

このプロジェクトはヘルシングボリ都心部のスンズストリエット（Sundstorget）広場をステー

上＊サンクトヨルゲン就学前学校のプロジェクト「子どもの公共の場所への関係」。(撮影：Mirella Beck) **中・下＊**子どもたちが作ったキャンドルを広場に設置したイベント「1000個のキャンドル」。子どもたちの考えを可視化するプロジェクトの一つ。

ジに展開されました。まず子どもたちは広場で遊びやかくれんぼをしたり、旗を数えたり、花の匂いや様々な形や色を観察し、デジタル拡大鏡で見たりします。

そして園に戻って、リルメーテ（lillmöte）と呼ばれるグループ会議をします。少人数のグループで、広場で遊んだことの振り返りをします。広場で撮影した写真をスクリーンに投影しながら、壁に振り返りをメモしたり、広場の絵を描いたり、ドキュメンテーションを実行します。さらに広場の模型も作成しました。就学前教育・保育要領にある、「子どもたちの好奇心、起業家精神、そして興味を励まし、学ぶ意欲と意思を刺激すべき」を実践していると言えるでしょう。

ヴェルステッド・ヨハンソン氏は「教師の役割は子どもたちの声を聞き、社会の様々な人や場所と出会う機会を作り、子どもたちの考えていることが見えるようにすること」と言います。

ヘルシングボリ市では社会に出て子どもたちの考えを可視化する例として、子どもたちが作ったキャンドルを飾る「一〇〇〇個のキャンドル」というイベントも実施しています。二〇一六年のテーマは「持続可能な将来」。市内の就学前学校が参加し、子どもたち自らが作ったキャンドルを子どもたちが設置し、街の夜を彩りました。

独自のプロフィールを重要視

ここで紹介したヘルシングボリ市の就学前学校は、全て市立、つまり公立です。しかし、保護者は基本的に市内のどの就学前学校でも選べるようになっており、公立も含めて就学前学校間の競争意識は強いと感じます。なおスウェーデン全体では、約五〇万人の就学前学校の児童総数中、約八割が公立、二割が私立に通っています[14]。

前述のようにスウェーデンの就学前学校の特徴は、就学前教育・保育要領は大まかで、基本的な運営や教育内容、保育内容は、各自治体と就学前学校にゆだねられている点です。

公立でも独自のプロフィールやカラー、プロジェクトを大切にしています。園長にはスタッフの採用、人事、組織、経営など、多大な権限が付与されています。ただ、教育、研修、経理などヘルシングボリ市の教育センターが供与する共通のサービスは多いとのことでした。日本の公立園とは大きく異なり、私立の良さも併せ持っているのではないでしょうか。

5　日本での実践は可能か？

ポジティブで前向きな一〇代

内閣府の意識調査から、スウェーデンと日本の若者の意識の違いが見てとれます[15]（**図表1-12**）。たとえば自分のイメージに関する「自分自身に満足している」の問いを見てみると、「そう思う」「どちらかといえばそう思う」と答えた日本の若者の比率が、スウェーデンと比べて低いことが見てとれます。

スウェーデンのティーンエイジャーは、驚くほどポジティブで前向きのようです（**図表1-13**）。スウェーデンの一二〜一八歳のティーンエイジャー約一〇〇〇人を対象に、スウェーデン統計局（SCB）が実施した生活状況調査の結果を見ると、九八パーセントが「元気／かなり元気」で、「い

図表１-12　国別「私は、自分自身に満足している」の質問への回答

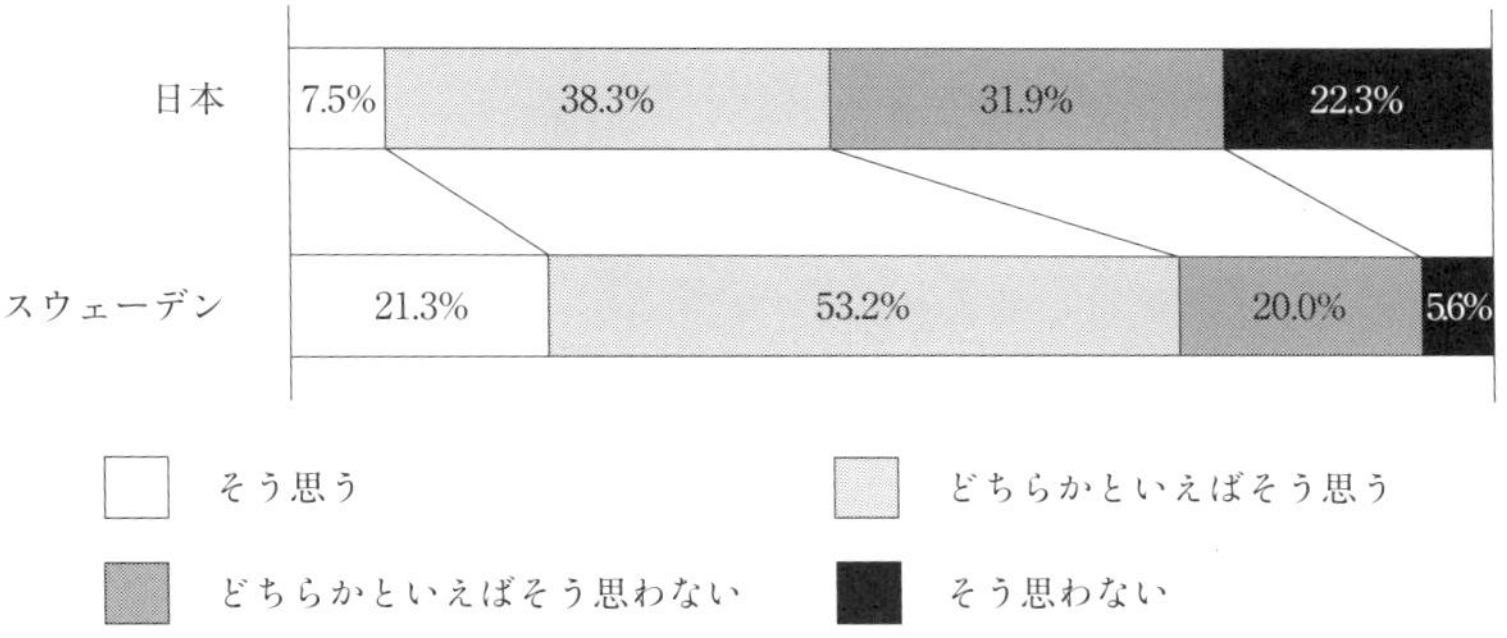

資料：内閣府（2014）「平成25年度 我が国と諸外国の若者の意識に関する調査」

図表１-13　スウェーデンのティーンエイジャーの生活状況調査（2014-2015）

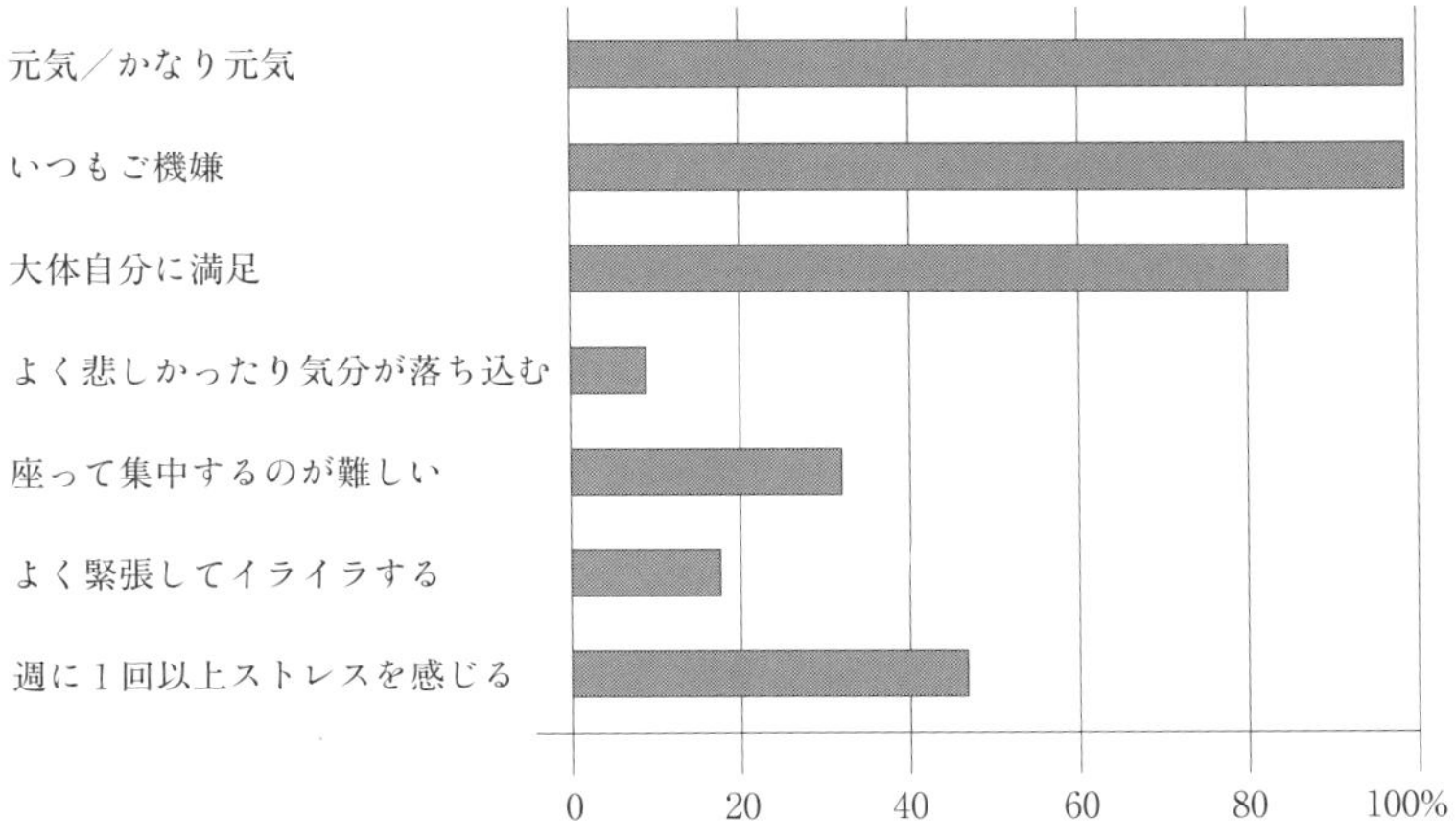

資料：スウェーデン統計局　http://www.scb.se/

つもご機嫌」、八〇パーセント以上が、「大体自分に満足」と答えています。二〇一〇年に公表されたこの調査の結果では、一〇～一八歳の実に九九パーセントが、「将来よい生活ができると思う」と答えています。

グローカルな実践

私は、東海大学で担当していた全ての授業において、学生の到達目標を①創造性、②自己効力感（self-efficacy）の二つに集約して、実践してきました（**図表1-14**）。自己効力感とは、ある具体的な状況において適切な行動を成し遂げられるという予測および確信です。自己効力感を提唱したカナダの心理学者アルバート・バンデューラによれば、人が自己効力感を取得する主な源泉は、自分自身の成功体験および、代理体験（ロールモデル）です。[16]

この自己効力感を高揚するため、私の授業では、学生が自分自身の成功・達成体験や代理体験を得るためのチャンスボールを与えるプロジェクトを多く取り入れてきました。

さらに、創造性と自己効力感を高めるために、〈グローカル〉な手法を用いました。グローカルという和製英語は、Think globally, act locally すなわち地球規模で考えながら、自分の地域で活動することを意味します。

私が勤務していた東海大学国際文化学部は、札幌キャンパスにありました。北海道は長年にわたり、北欧を中心とする「北方圏交流」を推進してきた歴史の蓄積があり、北欧をヒントにしたグローカルな教育プロジェクトを提供する場として、他の地域にはないメリットがありました。

図表1-14　学生の到達目標とその手法

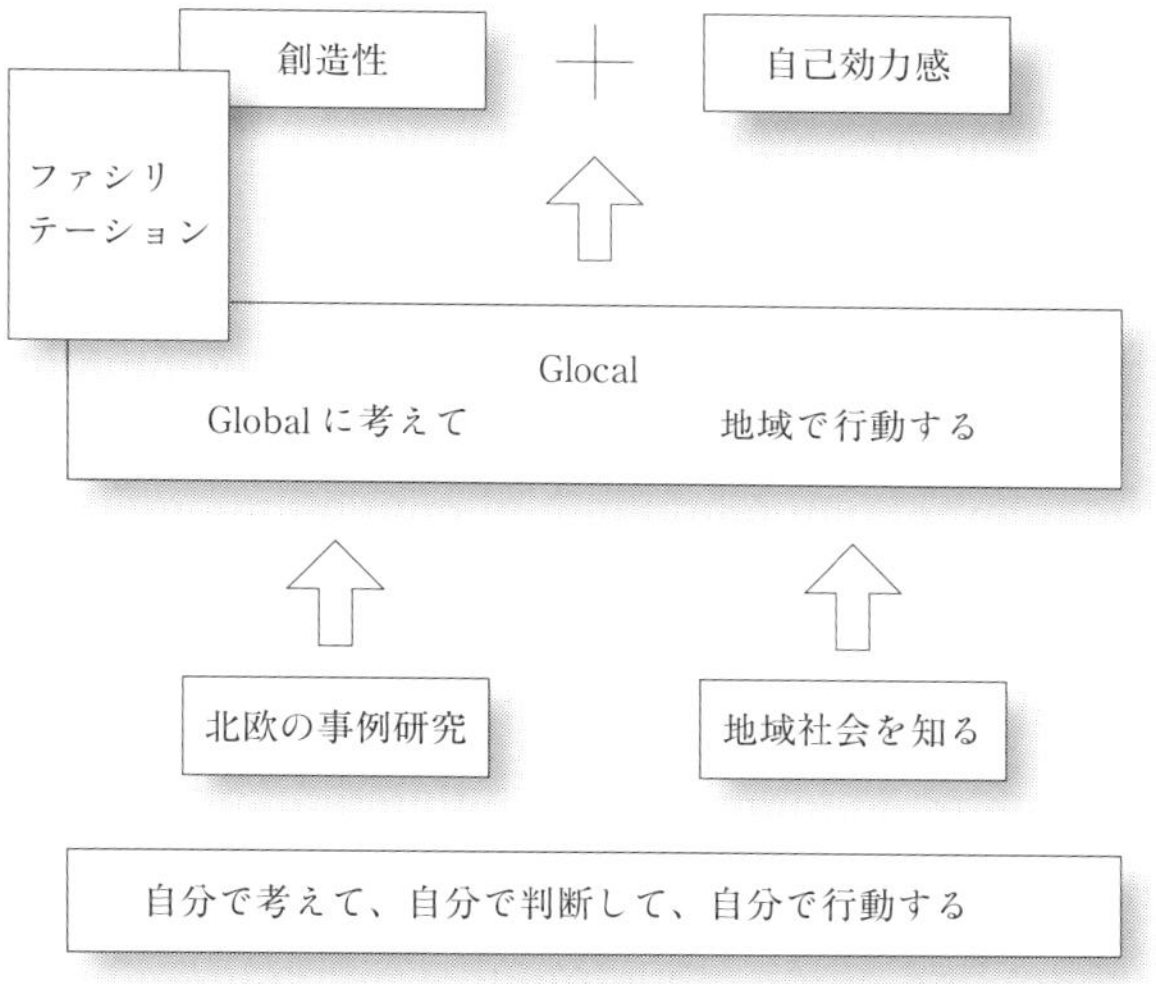

北方圏交流の具体的な成果としては、レクサンド市と当別町、ソレフテオ市と枝幸町など北欧の都市との姉妹提携や、旭川市のクロスカントリー国際大会バーサー・ロペット・ジャパンなど北欧スポーツの導入など、文化面にとどまりません。経済面でも北欧型住宅、デンマーク製風力発電機などの輸入、JR北海道とDSB（デンマーク国鉄）の姉妹提携（新千歳空港駅等のデザイン等）などが実現してきました。

イケアに提案型インターンシップ

スウェーデンを代表する大手家具メーカー・イケア新三郷店の泉川玲香ストアマネジャー（当時）の協力を得て、同店の「七人の侍＝マネジャー」をお迎えして〈グローカルな視点から考える大学生の就業力向上〉と称するセミナーを東海大学札幌キャンパスで開催しました。日本におけるインターンシップは企業が実施して学生は参加するのが一般的ですが、欧米では学生が企業に提案します。学生の提案に説得力があれば、企業が学生に半年などと期間を与える、言わば入社試験のようなものです。このときも学生から、イケアへ提案型のインターンシップを試みました。

二〇一二年、イケアは二〇二〇年までに札幌に出店するというリリースを出しました。それに対して、北海道民はイケアにどういうイメージを求めているのかを調査して、イケアに提案するという内容でした。

学生たちはイケア新三郷店でイケアの企業理念などを学んだ後、北海道で文献調査とヒアリングを行いました。ヒアリングは北欧ファンやイケアファンの社会人を中心に行いました。そしてイケア新三郷店の加藤明子人事部長（当時）を招き、「北海道民が望むイケアのイメージ　イケアの北海道出店を期待して」と題してプレゼンテーションを行いました。

北海道には農業、緑のイメージもあります。また一般的にイケア店舗は外からみるとつまらないという意見がありました。そこで店舗の周りを公園のようにする、駐車場や屋上も緑のイメージでデザインする、自家菜園グッズや農業関連商品にも力を入れて、世界の他の店舗にはない、オンリーワンの店舗を札幌に作ってほしい、という提案でした。

イケア新三郷店へインターンに行った八名全員が、イケアに就職したいという結論でした。イケアは従業員を「コワーカー」と呼びますが、学生であっても、コワーカーの意見を十分に聞いてくれたそうです。たった一週間いただけでも、自分の提案を「失敗してもいい。おもしろいからやってみて」と言ってもらい、自己効力感をもつことができたことが、その理由でした。

二〇一二年初めのある授業で、一人の学生が以下のような感想を書いてくれました。

「この授業で自分はとても大きく変わることができました。自分の意見を考え、自分の言葉で伝えて、いろいろな人と語り合う、という機会はこれまでなかったし、しようとは思いませんでした。それでも次第に人の意見を聞くことが楽しくなってきて、自分の意見を言うことにも抵抗がなくなってきました」

学生の自己効力感を高める授業は、日本でも可能であると実感することができました。

自己効力感と創造性を育てるために

今後の課題としては、もう一方の到達目標である創造性のさらなる育成があります。

二〇一七年九月、静岡県私立幼稚園振興協会から派遣され、ヘルシングボリの就学前学校で二週間にわたって研修された田村都弥追分幼稚園園長、大石竜士静岡聖光幼稚園副園長によれば、特に以下のような点が参考になったとのことです。[17]

・「遊びを通して」「子どもの興味関心」「環境」を基に進めること、学校評価で次年度へつなげていくなどスウェーデンの幼児教育の基本的な考え方が日本とよく似ていることに安心感をもった。
・日本では教育要領で「非認知能力の育成」がテーマになったが、スウェーデンでも「起業家精神」という要素が入っており、「非認知能力」と「起業家精神」には似ている部分が多くある。しかし「起業家精神」は、クリエイティブな要素がより強く、道具としてのデジタルの扱い方や親の責任といった要素も組み込まれていて、考えさせられる部分が多くあった。

・個々の子どもの遊びを中心に、興味、ファンタジー、自主性を重視し、目的が明確な「教育」が行われている。クラスみんなで一緒に取り組むことが多い日本との違いを感じた。

・子どもを子ども扱いせず、小さいときから一人の人間として扱うことで、自立へと導いている。日本では、例えば野外活動でパンケーキを焼くとき、準備は見せずに、食べるだけになっていることが多いように感じる。出来上がったものだけを与えてお客さん扱いするのではなく、共同で生活する仲間として扱ってもらえていることを感じることが大切で、こういった社会とのつながりを実感することが、子どもたちのセルフエスティーム（自尊心）を育て、協力することの大切さを知ることになる。また、食べるだけでは消費することしか経験できないが、全てを見せることで「持続可能な環境」を意識し、子どもたちの未来への責任感が生まれるような働きかけにもつながっている。

・幼児教育をよく理解している多くの専門家が子どもの保育に直接関わっていることが特徴的。子どもの専門的な才能を伸ばすためには、才能ある大人がそばにいて好奇心を探し続けることが大切だという。逆にスタッフの三分の一程度が教員免許を持っていない園もあったが、子どもの人数に対して関わる大人の数は日本よりもかなり多く確保されていた。

・日本ではデジタルなもの（タブレット型コンピュータやプロジェクター）を幼児教育に取り入れることに抵抗を感じたり、使い方を模索したりしている園も多い。スウェーデンでは、これからの子どもたちは使っていくのが当然であるので、しっかりと使い方を教えるとともに、有用な道具として捉えている。タブレット型コンピュータを顕微鏡とつなげて自然物を観察したり、写真に撮って記録したり、その写真を使ってアニメーションやドキュメンテーションを子どもが作る。

・スタッフのモチベーションを高める組織、フィーカ（コーヒーブレイク）などのシステム、ワークライフバランス、働き方は大いに参考にすべき。

当然ながら、教育については長期的な育成ビジョンが必要です。創造性や自己効力感の育成についても、本来は早期からの教育が大切です。スウェーデンの就学前教育は、日本の就学前の現場でこそ、参考となる点が多いのではないでしょうか。

注

（1）川崎一彦（二〇一一）「北海道における北欧との交流および大学生力を活用した教育プロジェクトの実践研究報告」『北ヨーロッパ研究』第八巻。

（2）The Ministry of Education（2009）*Guidelines for entrepreneurship education*, Finland.

（3）Donna Kelley, Slavica Singer, and Mike Herrington（2016）*Global Entrepreneurship Monitor 2015/2016 Global Report.*

（4）José Ernesto Amorós, and Niels Bosma（2014）*Global Entrepreneurship Monitor 2013 Global Report.*

（5）Manpower, https://www.manpowergroup.se/Work-Life/Dromjobbet-2017/（二〇一八年一月一〇日参照）

（6）OECD（2017）*Starting Strong 2017: Key OECD Indicators on Early Childhood Education and Care.*

（7）学校庁ウェブサイト、https://www.skolverket.se/statistik-och-utvardering/statistik-i-tabeller/snabbfakta-1.120821（二〇一八年一月一〇日参照）

（8）Skolverket（2016）*Läroplan för förskolan Lpfö98: Reviderad 2016.*

（9）同前。

（10）Skolverket（2011）*Läroplan för grundskolan, förskoleklassen och fritidshemmet 2011.*

（11）Helsingborgs stads skolor, https://helsingborg.se/forskola-och-utbildning/helsingborgs-stads-skolor/（二〇一八年一月一〇日参照）

（12）Helsingborgs stads skolor（2015）*Kraften i att utgå från barns lek　Åtta berättelser från våra förskolor.*

（13）Skolverket, https://www.skolverket.se/skolutveckling/kvalitetsarbete/bruk（二〇一八年一月一〇日参照）

（14）注７参照。

（15）内閣府（二〇一四）「平成二五年度　我が国と諸外国の若者の意識に関する調査」http://www8.cao.go.jp/youth/kenkyu/thinking/h25/pdf_index.html（二〇一八年一月一〇日参照）

（16）アルバート・バンデューラ編著、本明寛・野口京子監訳（一九九七）『激動社会の中の自己効力』、金子書房。

（17）田村都弥（二〇一八）「平成二九年度　静岡県私立幼稚園振興協会　海外研修報告」。

第2章　スウェーデンのアウトドア教育

西浦和樹

1　北欧の創造性教育と出会う

自然体験学校

私は、大学教員として一五年間、幼稚園や保育園で保育者を目指す学生の皆さんを対象にして「教育心理学」や「教育方法」を教えてきました。一五年前の大学教員としての新任当初、偶然にも、実家の近くの小学校の教育実践「あかまつ自然体験学校」[1]が地域との交流をテーマにしたもので、その教育実践の内容を取りまとめる仕事に関わりました。当時、「生きる力」とは何か、総合的な学習を進めるにはどうしたらいいのか、ということが熱心に議論されていた時期でした。

それから十数年が経過した現在の教育はどうでしょうか。二〇二〇年の学習指導要領の改訂では「アクティブ・ラーニング」をキーワードとして、教育改革がなされようとしています。その核心部分は、「学習者に対して、主体的・対話的で深い学びを促す教育方法」を推し進めることです。[2]学習者が主体的・対話的で深く学ぶために、教師や保育者が教育方法を工夫するという視点に移ったのです。例えば、幼児教育の分野では「人生のスタートにこそ良質な教育を」という教育主題を重要視しています。子どもが遊びを通して主体的に学びを深めることが、問題解決の芽生えにつながることが明らかにされてきたからです。現在の教育は、質的転換が求められているると言えます。

しかしながら、教育方法の質的転換と言われても、具体性が伴わなければ教育者も手の施しようがありません。子どもたちの資質や能力を見極め、研究成果やエビデンスをもとに、教育評価の方法も転換が必要になります。加えて、今を生きる子どもたちは、社会生活を営む上で様々な困難な課題に出会います。実生活においては、ソーシャルメディアを活用して議論に加わり、利害関係を調整しながら、問題解決や提言をしていく能力が必要不可欠です。

スキルよりやる気

北欧スウェーデンのアウトドア教育視察から気づいたことは、「生きる力」の源泉となる「生きる喜び」につながるモチベーションや価値観を育む教育が科学的根拠に基づいて実践されていることです。アウトドア環境に身を置くことで、学習者は感覚経験が得られ、学習課題を自分自身の問題として当事者意識（オーナーシップ）をもつようになります。さらに学習者は、状況を理解することで認知能力が鍛えられます。実体験で得た知識や生活の知恵を活用し、アウトドア活動を振り返ることで、メタ認知能力が鍛えられるからです。単なる知識や技術の理解や習得を目指す「スキル教育」だけでなく、やる気を育てる「モチベーション教育」とのバランスを保つことによって、子どもたちの人格形成の基礎を培い、社会問題を解決できる発想豊かな子どもたちを育てようとする意図が、アウトドア教育から読み取れるのです。

自己肯定感を育む

「外遊び」に関心をもっていた保育学生の卒業論文指導の際のやり取りを通して、「なぜ外遊びが大切なのか」「その科学的な裏づけはどうなっているのか」という問いに、心理学が明確な答えを持ち合わせていないのではないかと感じていました。学生の勤め先となる保育関係者の中にも「自然環境で保育することは素晴らしい」という自然を無条件に賛美するロマン主義的な考えが当然のようにあり、教育実践に科学的根拠や成果、現場のノウハウの積み上げが見られないと感じていました。

二〇〇五年、学内外の保育関係者から、仙台市内のある幼稚園を紹介されました。その幼稚園は仙台市内の中でも比較的自然環境に恵まれた場所にあります。このような環境を利用して、園内でのアゲハチョウの飼育を通して、子どもたちの興味関心が自然環境に向くように幼稚園の園長が工夫していました。学生指導の際にも、そのような自然環境の果たす役割について研究してみてはどうかと提案しました。

この当時、北欧の「森のようちえん」への関心が高まりつつあった中、東海大学付属本田記念幼稚園の公開保育を見学する機会に恵まれました。[3] ここでは、北欧の創造性教育を取り入れたプロジェクト保育が実践されていました。そこで東海大学名誉教授の川崎一彦氏、スウェーデンのリンショーピング大学アウトドア環境教育センター所長を務めるアンディッシュ・シェパンスキー氏に出会い、スウェーデンのアウトドア環境教育（以後、アウトドア教育）を知りました。そこでは、様々な体験を通して子どもたちの「気づき」を促し、自分で何でもできるというイメージや期待、すなわち「自己効力感」をもたせ、達成感や自分の存在に対する喜びの感情、すなわち「自己肯定感」を育む保育方法が採られていました。優れた保育実践の裏づけとなる科学的根拠を求めていた私にとって、合理的な説明や科学的根拠をもつスウェーデンの保育・教育には、日本でも今後目指すべきヒントがあると直感的に感じました。また「気づき」の力だけでなく、「やる気（モチベーション）」をコントロールすることで、いざ創造性が必要とされる仕事となった際には、並外れたパフォーマンスを発揮することができる。そのような考えをスウェーデン社会での生活を通して学びました。

2　アウトドア教育実践の現場へ

思い立ったが吉日

スウェーデンに魅力を感じ、実際に滞在してみようという想いを強くもつようになったのは、スウェーデンの魅力的な教育や保育だけでなく、現場で頑張る日本の保育者（卒業生や実習先の先生方）に海外の新しい動きを伝え、日々の保育の参考にしていただきたいとの考えからでした。実際に、「アウトドア教育」の実践を学ぶチャンスが訪れたのは二〇一一年四月でした。ご存じ

右＊「まつぼっくり」も黄金比（二つの線分が1：1.618、約5：8となる比率）や黄金角（円周を1：137.5に分けた角度）となっている。自然のデザイン（数学的なセンス）を学べる教材だ（宮城学院女子大学附属認定こども園森のこども園散歩コースから）。左＊2011年4月下旬のストックホルムで開催された「さくら祭り」。子どもたちが東日本大震災の寄附を募った。

の通り、渡航する一カ月前の三月一一日には、東日本大震災が発生し、仙台市内の都市機能がマヒし、学生の安否確認に追われる日々が続きました。そのような状況で家族連れでの海外渡航の準備が整わない状況で、日本を出発し、スウェーデンに向かいました。[4]

スウェーデン滞在当初の四月下旬、ストックホルム市内で開催される「さくら祭」に立ち寄った際には、ストックホルム日本人会をはじめ、ストックホルム補習学校、さらに多くの方々から震災支援を受けていることを実感しました。震災からの五年間を振り返ると、スウェーデン滞在中の多くの出会いやつながりのおかげで、スウェーデンを代表する家具メーカー、イケア・ジャパンから支援を受けて、被災地域の保育者と共にスウェーデンを訪問し、保育現場と地域間交流のお手伝いに関わることができたと感じています（六三頁参照）。

外国人には特別支援

さて、妻と子どもたち（当時、小学五年生と三年生）の四人家族でのスウェーデン滞在にあたって、子どもたちの基礎学力をどのように確保するかが最大の課題でした。日常生活の拠点であるリンショーピング市では、子どもたちの学力や健康診断の結果を踏まえて、通学の許可がなされます。しかし、市の基礎学校決定の判断に時間がかかりました。結局のところ、公立の基礎小学校への転入手続き開始から、子どもが学校に通うまでに約一カ月の時間を要しました。

さらに、通学する学校が決まってからも意外なことが続きました。子どもたちは普通学級ではなく、特別支援教育を受けるようにという決定が市から下されました。日本では、特別支援教育＝障害者への教育というイメージが強く、子どもたちが普通学級に通えないことに違和感を覚えました。しかし、そうした不安もすぐに解消されました。リンショーピング市には一〇名程度のインターナショナルクラスがあって、言葉の壁をもつ子どもが教育を受ける場を提供されていることを知りました。

スウェーデンでは、障害をもつ子どもや移民の子どもなどであっても、普通学級で学ぶ「インクルーシブ教育」が浸透しています。[5] そこでは、スウェーデン語と算数を中心とした能力に応じた小集団クラスで子どもたちは学習を進めます。その後、スウェーデン語が一定の水準に達した時点で、普通学級で学習するシステムになっていました。言葉の壁をもつ移民や難民を多く受け入れ、それらの人々に教育の機会を与えているスウェーデンの教育事情や、本当の意味でのインクルーシブ教育を理解していなかったことに気づく体験でした。

他にも教育システムの違いを感じる出来事がいくつかありました。学年の違う兄妹（五年生と三年生）が同じクラスに在籍すること、給食が終わった午後一時頃に帰宅すること（午後の授業がない）、休日が多いこと（しっかりと休息をとる）には、日本人の感覚と比較すると、子どもの教育に対する考え方や教育システムの違いだけでなく、スウェーデンの文化や価値観の違いをより深く理解する必要があると実感しました。

算数と体育には不安なし

子どもたちの様子を見ていると、「算数」と「体育」については特に遅れを感じることはありませんでした。現地の学校教員からも「算数」と「体育」は何か特別なトレーニングをしているのかと質問されました。この質問を受けた当時は、はっきりとした理由はわかりませんでしたが、日本のよくできた教科書と教育方法に由来するのだろうと直感的に理解していました。

スウェーデンから帰国して数年後に、スウェーデンの算数教育の研究者が日本の小学校の算数授業を視察するという話があり、仙台市内の小学校の視察に同行することになりました。視察中の研究者とのやり取りを通して、日本の教科書が高いレベルで構造化されていることが、日本の子どもたちの算数の力となっていることを理解しました。[6]

また、健康や体力面については、子どもたちを観察していると、幼少期からスイミングやフットサル、野球といったスポーツクラブでの活動や学校の体育での活動を通して、体力や運動能力が高いようでした。一方、リンショーピング市には男女共にフットサルのクラブチームがあり、子どもたちは放課後になると近所の公園で楽しみながらフットサルのトレーニングに参加することができました。週末には、隣町のノルショーピング市に出かけて対外試合に参加するなど、チーム内の親同士のつながりもできたことで地域の情報が入りやすくなりました。

スウェーデンの休日の多さには、子どもたちの学力面で不安を感じましたが、ここはチャンスとばかりに家族旅行の計画を立てることにしました。スウェーデン国内では、北部キールナのアイスホテルとトナカイそり体験(運がよければオーロラ観賞)、西部ヨーテボリの遊園地リセベリ、ヴィンメルビーにあるリンドグレーンのテーマパーク「ピッピワールド」などを訪問。スウェーデン国外では、ヨーロッパの最北端で白夜を体験するノールカップ、ヨーロッパに飽きたらイスタンブール、本場のサンタクロースに会いにロヴァニエミ、レゴの国レゴランドが楽しめるビルンなど、日本からの直行便がない場所を選び、スウェーデン限定の休日を家族で満喫しました。

研修はアウトドア料理とテント設営

研究の拠点は、リンショーピング大学アウトドア環境教育センターでした。センターのある建物は、スウェーデンの社会思想家で教育学者のエレン・ケイにちなみ、ケイ棟と名付けられています。このアウトドア環境教育センターは教職の大学院で、地域の特徴を活かしたアウトドア教室をデザインできる教員を養成する役割を担っています。特に印象に残ったウェルカム・プログラムとフィールド・トリップについて、紹介します。[7]

私が専攻したアウトドア環境教育センターの修士課程の授業では、宿泊体験を伴うウェルカム・プログラム（オリエンテーション）から始まりました。参加者の大学院生は二〇名程度で、教員経験があり、アウトドア活動に精通している方が数名いました。このプログラムは単なるオリエンテーションではなく、各国から集まった交換留学生のコミュニケーションを促し、適応状態を把握することも兼ねていました。学生の性格を把握し、チーム・ビルディングするにはこうした活動が最も効果的なのだそうです。

プログラムでは、一グループ五名で二日間生活を共にします。食事のため食材を購入し、スウェーデンの調理器具「ストームクッカー（Stormkök）」を使って食材を調理します。さらにロープとブルーシートだけを渡されて、テント設営をします。他の必要なものは自力で探してこなければなりません。

また、「演劇（ドラマ）」の課題も与えられます。環境教育とコミュニケーション活動を目的としたプログラムで、スウェーデンの高等教育では頻繁に授業に取り入れられています。このときは、「声を使わずに、メッセージ性のあるドラマを作って相手に伝える」という課題でした。教師のコミュニケーション能力を高める、つまり、言葉に安易に頼らず、表情や表現を工夫してコミュニケーションをはかることが求められます。

フィールド・トリップとしては、スウェーデンの作家、アストリッド・リンドグレーン生誕の地、ヴィンメルビーを訪問しました。リンドグレーンは日本でも『長くつ下のピッピ』などで有

上＊ロープとビニールシートだけが与えられ、各グループで知恵を出し合い、テントを設営する。**中＊**言葉を発することなく、身体を使ってテーマを表現する。各国での環境に対する考え方の違いがわかるものだった。**下＊**リンドグレーンの代表作『長くつ下のピッピ』は各国で翻訳されている。博物館近くの図書館には、日本語版など翻訳書も含めてすべての作品が収蔵されている。

名な児童文学作家で、スウェーデンの教育界にも大きな影響を与えています。先にあげたピッピワールドだけでなく、周辺のリンドグレーンが幼少期に過ごした家、さらにリンドグレーン博物館ネースも訪れ、リンドグレーンの経歴や作品、どのようにして作品が生まれたのかがわかる展示を丁寧に見て回りました。

これらのワークショップや授業に共通することは、参加者自らが協力して問題解決を行うこと、そして、アウトドア活動の楽しさを体験的に学び、教師としてアウトドア教室の環境をデザインする発想力が得られることでした。

アウトドアで算数・歴史を学ぶ

スウェーデン滞在中にも訪問し、その後の研修でもたびたび訪問することになったのが、ヨーテボリ市周辺のトルスランダ地区にあるノーレリーズ基礎学校でした。五年生担任のクリスティーナ・トースハーグ氏は、二〇〇九年に実施された全国テストで五年生の児童が高い成績を獲得したこと、その教育方法がアウトドアで算数や歴史を教える活動だったことで注目を集めている先生でした。

学校から徒歩数分にある森で行われた授業に同行しました。森に着くと、火おこしが始まりました。バイキング時代の生活を再現するという活動でした。焚火をするための準備作業では、「風向き」「おがくず」「薪」「火をたく準備」の四つの確認事項を復唱しながら、一つずつ丁寧に作業を行います。うまく着火できない子どもがいても、三〇分以上もかけて子ども自身の手で着火

上＊ノーレリーズ基礎学校の近所の森での活動。学校から目的地までの道のりは10分程度で、この日は秋を見つけるという目的で、ペアになって話をしながら現地に入った。「秋」をテーマに話し合う子どもたち。**下＊**焚火をするための準備作業。「風向き」「おがくず」「薪」「火をたく準備」の4つの確認事項を復唱しながら、一つずつ丁寧に作業を行う（いずれも2011年11月訪問）。

するまで教師が見守っていました。それから算数のゲームをしたあと、教室に戻ってから学習につなげるという教育方法でした。子どもたちのやる気は非常に高いと感じました。

３　就学前学校の様々な活動

関係者たちが私立学校を立ち上げる

二〇一四年と二〇一五年の三月上旬の各一〇日間、宮城学院女子大学とイケア・ジャパンによる「東日本こどもプロジェクト」が協働し、次世代の教育支援プログラム「スウェーデン幼児・児童教育研修」を実施しました。この研修では、東日本大震災で被災した地域の保育所に勤務する指導的立場の（あるいはそれを期待されている）保育士（二〇一四年一二名、二〇一五年九名）と共に、スウェーデンの就学前学校を視察しました。都市部の一般的な就学前学校と、地方都市でアウトドア教育に力を入れている就学前学校を訪れました。

都市部では、首都ストックホルム市の郊外、ナッカ地区にあるフィンブーダ（Finnboda）就学前学校を訪問しました。ストックホルム市内に三四の園をもち、全職員数七〇〇名程度をかかえるインスピラ社（inspira）の系列園の一つで、二〇〇五年には、スウェーデンでベスト１の職場に選ばれたこともある園です。

教育改革前の時代は、保育者は保育カリキュラムを読まずに指示されたことだけを行っていたそうです。そのこと自体を問題視していた公立の就学前学校関係者が、二〇〇一年にインスピラ社を設立しました。同系列の就学前学校は、インスピラ社独自のカリキュラムで運営されています。

子どもの意見を取り入れる

フィンブーダ就学前学校は二〇〇八年に開園し、一歳児から五歳児まで一一六名を受け入れています（二〇一五年三月当時。スウェーデンでは〇歳児の受け入れはありません。両親休暇が四五〇日あるので、〇歳児は両親に育てられます）。受け入れの時間は、朝六時半から一七時半まで。したがって、子どもたちは就学前学校で朝食をとり、一五時半ぐらいには帰宅するケースも珍しくありません。

一クラスを教員三名のチームで保育をします（保育教諭二名、保育補助一名）。教員数は全体で二四～二五名です。チーム保育はスウェーデンでは多く見られるスタイルですが、ここではその理由として、同僚と子どもやクラスの状態を話し合う機会をもつことがあげられました。全体の教職員会議は月一回実施され、重要な問題が生じたときは即時対応することになっています。

日常の保育については、曜日ごとに、大まかな活動内容が決められているものの、その詳細は子どもたちと一緒に保育者が計画を立てます。その後、保育者は子どもたちの関心を観察することから始め、子どもたちの反応を見て、活動の様子を写真に収めます。そして改善策を検討します。子どもの意見を取り入れる理由は、民主主義社会で少数の意見を取り入れることを学ぶという意図があります。民主主義は、スウェーデンの教育で最も重視される価値観の一つです。加え

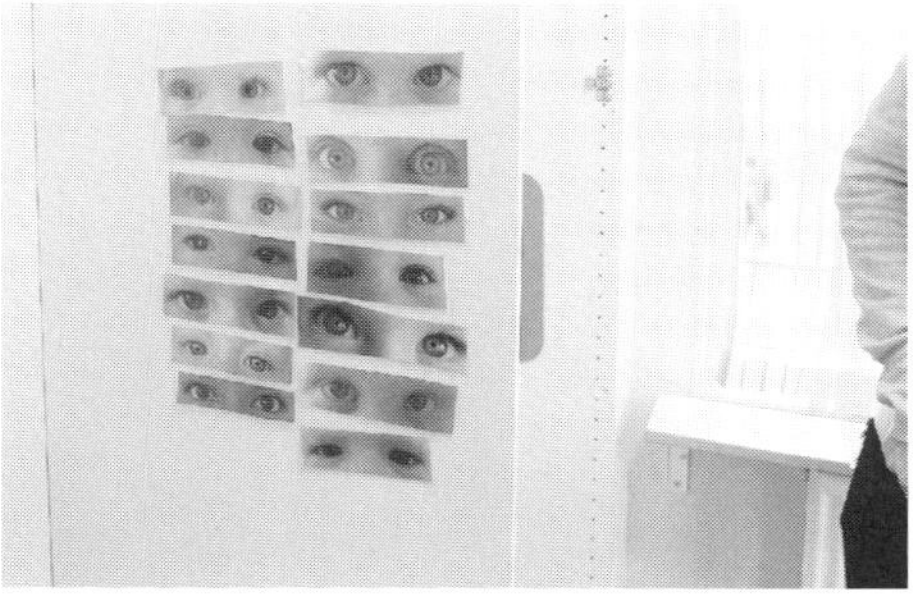

上＊フィンブーダ就学前学校の学習風景。パズルを使ってアイスランド語の学習中。**中**＊保育室の窓。CDケースを使って植物の成長が観察できるように工夫されている。**下**＊子どもの目元がわかる写真が教室の入り口に貼られていた。親が子どもとアイコンタクトできるかどうかを確かめている。

て、保育者と子どもたちが自己決定できる環境は、両者のモチベーションを保つことができます。

常に「なぜ」を問う

インスピラ社に共通する保育カリキュラムとして、七つの教育目標が立てられています。言語とコミュニケーション、社会と環境、算数、自然科学と技術、価値観、影響力、健康と幸福感を取り入れた保育活動が行われています。例えば「算数」の場合、どんぐりで数を数えたり、木の枝の長さで長短を比較したり、○と△のかたちを自然の中に見つけたりします。また欠席の子どもの人数をみんなで数えて、何人いるかを確認することも、算数の学習の中で行われます。教室の中でテキストを見ながら、数式を解くような方法ではなく、生活の中で自然に数に親しむことが実践されていました。

「健康と幸福感」については、一日の外遊びと室内遊びの質と量を考えながら、「なぜこの遊びを行うのか」「子どもたちは何に興味関心を抱いているのか」「なぜこれを食べる必要があるのか」「なぜ休息をとる必要があるのか」を常に考えるそうです。常に「なぜ」を問い、子どもの視点を保つことが、子どもたちの健康状態を良好に保ち、幸福感につながるという信念を感じました。園全体では、保育の質向上の部門があり、スタッフには、「参画」「その影響」「多様性」「知識」の四つが求められます。一学期に一回、保護者の会議が行われ、その際に保護者向けのアンケート調査が行われます。その結果が市に伝えられ、園の評価として公表されるため、保育の質を常にチェックする仕組みが整っています。

上＊モタラ市のアウトドア環境を重視したボンデバッカ就学前学校。子どもの遊び場には木でできた遊具が設置されている。**中＊**園庭にある馬の遊具。基本的に保護者の手作りで、ブランコ等の場合は高さの規制がある。**下＊**園庭にあるアトリエ小屋。絵具や教材が置かれて、自由に絵を描くことができる。

またスウェーデンは、様々な国からの移民を受け入れています。そのためスウェーデンの教育目標は、「宗教の違いを理解させる価値観」「リーダーを育てる影響力」、生きる喜びを育む「健康と幸福感」を意識した保育活動を目指すことになっており、リーダーとして活躍できる人材を育てようとする意図が感じられました。

フィンブーダ就学前学校で感じた日本の保育との最大の違いは、「健康と幸福感」を現場の先生が実践できる保育カリキュラムを準備していること、両親を支える子育て支援制度が充実していること、さらにスウェーデン人の子育てに対する権利意識が高いことを実感しました。

移民都市の取り組み

アウトドア教育に加えて、移民の受け入れの現状がよくわかる地方都市のモタラ市を紹介します（二〇一六年二月下旬訪問）。移民を受け入れるということは、様々な国の子どもを受け入れ、教育する責任も発生します。なおモタラ市は日本からの研修受け入れに協力的な自治体で、これまでにも日本には見られない中学生の居場所となる学童施設や、幼小連携の学校を視察しました。

モタラ市にあるボンデバッカ（Bondebacka）就学前学校は、アウトドア教育を特色とするプリスクールです。園長のカリーナ・スベンソン（Carina Svensson）氏は、モタラ市の四つの就学前学校で園長を兼務しています。ここボンデバッカ就学前学校の園児は三三名。一歳から二歳、三歳から五歳の二グループに分けて保育されています。保育時間は、朝六時から一八時まで、そのうち八時から一四時まではグループに分かれて保育するものの、園庭での外遊びは一緒に行われます。ソマリア、トルコ、イングランド、エストニア、ボスニア出身の移民の子どもたちが比較的多く通園していました。

まず目についたのは、保護者手作りの木製遊具が園庭に設置されていることでした。このような手作りの遊具は、人工遊具よりも事故率が低く、実際、開園して二年半ほど経過していますが、大したけがもないそうです。

スタッフの人数は六名。幼稚園教諭が三名で、そのうち二名は大学でアウトドア教育を受講しています。他の三名は保育士です。現状では、スタッフ不足が続いているそうですが、その原因は出生率が上昇しているからだそうです。なおスウェーデンでは、法律で四カ月以上の待機児童の発生を禁止しているため、待機児童の問題は起こりません。

スベンソン園長によると、「子どもの活動を否定するようなことはせず、できる限りほめるように心がけて」いて、子どもの自尊心を高め、自主性や生きる力につなげる保育を目指しているそうです。

モタラ市の幹部から、ストックホルムでは移民の子どもたちへの教育が社会問題となっていることを聞きました。引きこもり児童の増加、ストリートチルドレン化、識字率が低いため仕事につくことができない悪循環があるそうです。そのような問題に、地方都市でも移民の多い自治体では、関心が高いことがうかがえました。

スコーグムッレ（森のムッレ教室）

スコーグムッレは、一八九二年、スキーなどのアウトドア活動のために設立されたアウトドアライフ（Friluftsfrämjandet）という団体の一部門です。一九五七年から、森林保護活動を中心に子どもたちのアウトドアでの活動を支援しています。

モタラ市の所有する森でスコーグムッレが開催されているということで、アウトドア活動の様子を視察しました。スコーグムッレは森の妖精という設定で、五歳程度の子どもを対象に、約二時間の活動が行われます。パペットのスコーグムッレが子どもたちの友だちになって、お話をしたり、歌を歌ったり、一緒に木登りやそり滑りを楽しみます。子どもたちは五感を使って自然に親しみ、森の動植物について学びます。スタッフは、アウトドア教育のトレーニングを受けたインストラクターが担っています。

観光と教育

モタラ市は、市をあげて観光と教育に力を入れています。ゲルゲオス（Elias Georges）市長とホルムベルグ（Jan Holmberg）開発部長によると、訪問した二〇一七年三月当時、四万人程度の人口でしたが、毎年三百人以上の人口が増加し、住宅の供給不足が続いているとのことでした。

モタラ市には北ヨーロッパで一番長いビーチがあり、この魅力を活かして「東スウェーデンの湖の町」というブランディングに成功しています。デンマークの投資会社が大型のリゾート施設

上＊北欧の就学前学校では見慣れたアウトドアで昼寝をする子どもたち。**下＊**窓際から光の取り込み方に工夫が感じられる保育室。

を建設する予定で、住宅建築や道路の整備などのインフラ投資があって、町に勢いを感じました。

二〇三〇年のビジョンは、「オープンで、誇りのもてる、革新的な湖の町」。「教育水準を上げる」「起業家精神を育む」「若者を雇用する」「デジタル化を推進する」「古い工場を利活用する」といった具体的な取り組みが行われています。

教育分野での重点目標は「国際化」です。ニーシルカ（Nykyrka）基礎学校の四、五年生のクラスを訪問したとき、日本人が訪問するということで、英語での交流の時間が準備されていました。

また、観光業にも力を入れていて、ベッテルルンダン（Vätternrundan）という世界最大規模の自転車レースがあります。一周三〇〇キロのベッテルン湖を一〇時間程度かけて一周するという競技です。スタートとゴールがモタラ市中心部になっています。世界各国から二万人が参加します。五五〇万USドルの売り上げがあり、参加費が高額にもかかわらず受付数時間で売り切れになる人気ぶりです。参加者からは、「健康で満足感が得られる＝well-beingが上がる」ことが最大の魅力、という感想が寄せられるそうです。

エコを追求

ボンデバッカ就学前学校のカリーナ・スベンソン園長のガイドで、二〇一六年にオープンしたスウェーデン初のパッシブハウスの認証を受けた就学前学校を訪問しました。パッシブハウスの建設費は高額なようですが、ランニングコストが節約できること、環境にやさしいことを重視して、建設されました。モタラ市という自治体自身が保育環境の改善に積極的であることも、このような就学前学校が生まれることと関係があるようです。しかしまだ保育が始められたばかりなので、パッシブハウスが子どもの健康にどのような影響があるのかについて、学術的なエビデンスの蓄積が必要とのことでした。

これまで見てきた評価の高い園の特徴として、保育活動の視覚化（ドキュメンテーションと呼ばれ、実際の活動をパワーポイントや壁紙に記録として残すこと）が徹底されていること、保育活動が開かれたかたちで実践されていることがあげられます。保育活動の視覚化によって、保育活動の保護者への効果的な伝達や職員間の情報共有、保育者の専門的な成長などが達成されています。またこの就学前学校では、子どもの願いに応え、保護者によって園庭に木の遊具が設置されており、園と子ども、そして保護者のコミュニケーションが円滑であることも、関係者の満足度を高めていると感じました。

4　福祉と権利

スウェーデンのノーマライゼーション

北欧の福祉先進国スウェーデンの福祉サービスは、どのような考えによって提供されているのでしょうか。モタラ市の福祉事務所の訪問のキーワードは、「ノーマライゼーション」です。ノーマライゼーションとは、一九六〇年代に北欧諸国から始まった社会福祉をめぐる社会理念の一つで、障害者も健常者と同様の生活ができるように支援すべきという考え方です。

ここでは、モタラ市の福祉事務所のケースワーカーと、モタラ市長のゲルゲオス氏、市幹部のモデン（Eva Moden）氏も交えて、スウェーデンの福祉制度について議論されました。スウェーデンで入所施設をなくすことができた（脱施設化が進んだ）理由としては、やはりノーマライゼーションの考え方が浸透したことが大きかったそうです。他に「自治体が子どもを育てるわけではない」「スウェーデンには、セカンドチャンス、サードチャンス……があって、何度でもやり直すことのできる人にやさしい制度設計がなされている」「社会全体で物事を進めようとする連帯意識（連帯感）がある」など、社会全体で子育てしようとするのがスウェーデン社会の特徴と言えます。

浸透する子どもの権利条約

フッディングゲ市にある六歳から二〇歳を対象とした「問題のある家庭の子どもと親のためのサポートグループ」への訪問も紹介します。スウェーデンでは不登校の児童・生徒が三〇％程度にも達するそうです。ここは、その対策として、社会福祉士や保育教諭が中心となって運営するサポートグループです。八名程度のグループによるサポートから、個別相談にも対応しています。

保育教諭のブリッタ・レックリンゲル（Britta Röcklinger）氏に、スウェーデンの子どもが不登校になる原因を尋ねました。両親が薬物中毒であったり、精神的に問題を抱えている場合に、子どもは自分が頑張って家庭を支えないといけないという気持ちになって、学校を休みがちになる、というケースがあるそうです。他方、親の離婚で、学校不適応になる子どもはあまりいないそうです。これについては、スウェーデンではサムボ（事実婚）が公的に認められ、多様な家族形態が社会的に受け入れられていることも要因としてあるようでした。

最後にレックリンゲル氏から、子どもの権利条約に記されている五四の条項の一つ「第三四条性的搾取・虐待からの保護（性的搾取および性的虐待から児童を保護することを約束する）」が書かれたメダルを頂きました。

5　なぜアウトドア教育がよいのか？

脳や認知機能に影響

日本の幼稚園教育要領や保育所保育指針などの就学前教育・保育要領には、「戸外で遊ぶ」という記述が当然のようにあります。しかし、「なぜ子どもを戸外で遊ばせる必要があるのか」について、その科学的根拠を探してみてもよくわからないのが実情です。

一方、スウェーデンおよび北欧では、科学的根拠に基づいてアウトドアでの教育活動が推奨されていることがわかります。

例えば北欧の研究者と教育者が参加したコペンハーゲンコンセンサス会議二〇一六[8]では、子どもと若者の身体活動に関する科学的根拠に基づいた提言が行われました。この提言では、「フィットネス（体調のよさ）と健康」「認知機能」「身体活動への関与、モチベーションと精神的健康」

「社会参加と身体活動の実践」の重要性が説かれています。「フィットネス（体調のよさ）と健康」の項では、子どもや若者の心肺能力と筋力は冠動脈疾患、糖尿病のような心血管疾患の予測因子であり、日常生活に身体活動を取り入れることは心肺能力や筋力を向上させ、心血管疾患のリスクが低減される、と述べられています。「認知機能」の項では、運動は脳や認知機能の発達を促すとし、学校で、あるいは登校前や放課後に身体を動かすと成績が高まると提言しています。身体活動に関わることは、自尊心を育て、仲間同士や親、コーチなどとの精神的・社会的関係によい結果をもたらすとも述べています。

アウトドアで学ぶ効果

スウェーデンでは「テクノロジー」と「サイエンス」をテーマにしたアウトドア教育も実践されています。「テクノロジー」という言葉は、日本では一般的に最先端の技術であるハイテク（High-tech）のイメージが強いのですが、アウトドア教育では、ハイテクと対極の位置にあるアナログな技術を指します。伝統的でわかりやすいローテク（Low-tech）をアウトドア教育の教材として用いながら、子どもたちの興味関心をひきつけるのです。最終的には現代の日常生活で使われるハイテク技術の学びにつながるように工夫します。ローテクが先行オーガナイザーとしての役割を果たしていると言えるでしょう。

アウトドア教育者のカリーナ・ブレイジ（Carina Brage）氏は、「（自然の中で）五感を使って学ぶとインパクトが違う」と言います。同氏はその科学的根拠を得るため、リンショーピング大学の大学院でアウトドア教育を専攻しました。スウェーデンの最優秀テクノロジー教諭として表彰され、スウェーデンのアウトドア教育の実践書 *Teaching Technology Outdoors*（アウトドア教室で科学するこころを育てる）を出版しています。[9] この著書の中で、テクノロジー教育を実践することの意義を次のように述べています。

現代社会において、人々は自然からますます遠く離れたところにいます。科学技術と産業をとおして、私たちはもはや生活基盤を自然に委ねていませんが、私たちは常に自然と自然が与えてくれるエネルギーに依存しているという現実があります。

アウトドアに費やす活動と時間は、教師と子どもの健康と幸福感（well-being）を改善します。アウトドア活動自体が自然と一体になっているのです。アウトドア環境によって、子どもと教師の両者がいつもと違った一面を見せてくれます。継続的なアウトドア活動は、ストレスに関連した病気や、他の健康問題を減らすことができるのです。アウトドアでの授業もまた、一日の休息によって容易に病気を減らすのです。多くの子どもがアウトドアで活動する際に、様々な役割を持っていて、口論すること、あるいはまだ座って話を聞くことが難しい場合のエネルギーをアウトドアで使い果たす機会にもなります。私たちの体は活動するように作られているのです。石器時代と現在の体では、それほど大きな違いはないのです。

ブレイジ氏が行う教育現場で、アウトドア環境を活用したサイエンス、テクノロジー、エンジ

上＊実際に木にしがみつく子どもたち。**中＊**ブレイジ氏が木に目印をつける方法を教える。**下＊**森で迷ったら、木の枝を三つ並べる。パネルを使って子どもたちに説明する。

ニアリング、算数（STEM）をテーマとした教師支援活動を見学しました（二〇一六年二月）。参加していた子どもたちは四歳から一二歳で、このときのテーマは「森で迷ったらどうするか」でした。子どもたちは、森で迷ったら「木にしがみつくこと」「痕跡を残すこと」「服は脱がないこと」、具体的な痕跡の残し方を学びました。

このテーマが設定された理由を尋ねると、「スウェーデンでは毎日二人の子どもが迷子になっている」という回答でした。現実に起こっている問題に、アウトドア教育が解決策を与えているのです。雪が残る森の中で、「木に抱きつくこと」「地面に直接寝ないこと」は、凍えないために重要なことです。木のほうが温かいという生活の知恵を、子どもたちはこうして学びます。

このような教育方法が実践される背景として、スウェーデンには自分の身は自分で守るという民間防衛の考えがあります。この考え方がアウトドア教育にも取り入れられているのです。

体験から学ぶ

リンショーピング市にあるリンショーピング自然学校は、ブレイジ氏の活動の拠点です（二〇一七年三月訪問）。スウェーデンの自然学校は、アウトドア教育を積極的に取り入れている組織で、スウェーデン国内で組織された自然学校協会（Naturskoleföreningen）に所属しています。この自然学校は、市内にある一八のNPOに活動できる場所を提供したり、一般向け、教員向けのアウトドア教育の研修を行います。自然学校の敷地は市の公園の一部を使用。市からの委託を受けて事業展開しています。

訪問時は教員向けのアウトドア教育の研修会が行われ、砂場や水辺などで活動した後の振り返りをしていました。例えば砂場一つをとっても、砂に含まれる水分量によって、摩擦の学びにつなげることが可能です。もちろん、子どもたちに「摩擦」という言葉を教え込むようなことはしません。体験的に学ぶのがアウトドア教育の基本です。

ブレイジ氏によると、アウトドア教育は「到達目標だけが示されている。その教育方法は自由度が高い」ということでした。教科書中心で、教師用の指導書で教え方が示されている日本とは違い、教員の発想や創造性が要求されます。初任者にとっては難しい教育方法ですが、専門知識を得て経験を積めば、子どものモチベーションや創造性、能力を十二分に引き出すことができるのではないかと感じました。

「教室の中では気づくことのできないことはありますか。あればどんなことでしょうか」と尋ねました。ブレイジ氏は次のように答えました。

「火は昔からあるイノベーションの代表例です。焚火に興味のなかった子どもが、雷が火事になることに興味をもつようになりました。その他にも、おとなしい子どもがアウトドアでは元気で活動的になりました。大人は、アウトドアで活動することは遊ぶことであって、学ぶことではないという意識があります。知的障害・発達障害の子どもにとって、アウトドアで活動し始めるとインドアで見せなかったような新しい役割が生まれます。アウトドアでは、子どもたちが十分にエネルギーを発散させることができます」。また次のようにも付け加えました。「子どもがアウトドアでの活動に慣れるまでには、一回ではだめで、数回連れ出す必要があります」。

自然学校のアウトドア教育では、実際に森へ行って体験的に問題への対処法を教えます。これらの対処法は、人の命を守るということに関するテクノロジー教育と言えます。アクティブ・ラーニングや主体的な学びに取り入れるべき方法なのではないでしょうか。

リアリティから学ぶことの大切さ

ＯＥＣＤ（経済協力開発機構）による「より良い暮らし指標（Better Life Index: BLI）[10]」を見ると、日本には数多くの社会問題が存在することがわかります。特に日本は、「ワークライフバランス」「生活満足度」「市民参加」「環境」「健康」といった項目において北欧諸国を大きく下回っています。スウェーデンに滞在してみると、このようなデータに見られる差を実感することができます。日本は、北欧諸国と比較して生活後進国となっているのではないでしょうか。

しかし、生活を改善するポイントを明らかにすることで、現状から抜け出すことは可能です。まずは、生活先進国である北欧諸国の教育に着目し、現地での最新情報や、施策から文化的背景、価値観に至るまでを学ぶことが近道であることを、確信しています。ここで紹介したスウェーデンのアウトドア教育は、そのごく一部をお伝えしているに過ぎません。

スウェーデンのアウトドア教育では体験活動が大切にされます。そこでは環境や歴史、社会的な意味をもつ場所＝ランドスケープが重視されています。その理由は、私たちはリアリティの高い情報であるほど素直に学習し、その知識を活用できるからです。

日本の未来の教室では、光、水、土、風といった自然を感じ、豊かな森と共に過ごすリアリティの高い学習活動[11]が行われることを期待します。

注

（1）西浦和樹・中條和光（二〇〇〇）「『生活体験学校を通した新しい学校づくり』に学ぶ総合的な学習のカリキュラムの検討」『高松大学紀要』三四、一七〜三二頁。

（2）西浦和樹・國藤進（二〇一七）「巻頭言　ＳＩＧ設立と『アクティブ・ラーニング』に関する創造性教育研究の最新動向」『日本創造学会論文誌』二〇、一〜四八頁（招待論文、責任編集）。

（3）西浦和樹（二〇〇九）「二〇〇八年度 第二回公開講演会 科学するこころを育てる保育―『東海大学付属本田記念幼稚園公開保育』にみる科学する心を育てる保育実践」『宮城学院女子大学発達科学研究』九、七九〜八一頁。

（4）Nishiura, K. (2012) "Our Initial Response in the Aftermath of the Great East Japan Earthquake," *International Journal of Counseling and Psychotherapy*, 9, 73-88.

（5）全ての人々を包み込み、支え合うというインクルージョンの理念を実現するための教育。一九九四年に開催された「特別ニーズ教育世界会議」で宣言された「サラマンカ声明」が後の特別支援教育につながる。

（6）Engvall, M. & Sandlber, K.S. (2014) "Strukturerad problemlösning: observationer från japanska klassrum," https://liu.se/medarbetare/maren29（二〇一七年一〇月七日参照）

（7）西浦和樹（二〇一二）「アウトドア教授法による思考力の発達に関する教育心理学的研究」『宮城学院女子大学発達科学研究』一二、一一〜三八頁。

（8）"University of Copenhagen 2016 The Copenhagen Consensus Conference 2016: Children, Youth, and Physical Activity in Schools and during Leisure Time," http://www.teamsport-health.ku.dk/hb_statements/14831_

KU_Haefte_UK-versionering-Print.pdf （二〇一七年一〇月七日参照）

（９）Brage, C. (2016) *Teaching Technology Outdoors*, Outdoor Teaching.

（10）OECD Better Life Index. http://www.oecdbetterlifeindex.org/ （二〇一七年一〇月七日参照）

（11）アンディッシュ・シェパンスキー、ラーシュ・オーヴェ・ダールグレン、パトリック・グラン、ニーナ・ネルソン、ステファン・エドマン、スヴェッレ・ショーランデル、西浦和樹・足立智昭共訳（二〇一六）『北欧スウェーデン発　森の教室―生きる知恵と喜びを生み出すアウトドア教育』北大路書房。

謝辞

執筆内容の一部は、左記の資料をリライトしました。スウェーデン交流センターのご配慮に感謝いたします。

（１）西浦和樹（二〇一六）「スウェーデンのアウトドア教育から学んだこと（前編）」スウェーデン交流センター機関紙「ビョルク」一三二。

（２）西浦和樹（二〇一六）「スウェーデンのアウトドア教育から学んだこと（後編）」スウェーデン交流センター機関紙「ビョルク」一三三。

第3章　スウェーデンの学校とインクルーシブ教育

アールベリエル松井久子

1　みんなの学校

日本とスウェーデンでの教職経験

スウェーデンの学校で教職に就いて二〇一八年で二四年目になります。スウェーデンに来た当初から母語教師[1]として、ストックホルムの南の郊外のテューレソ、フッディンゲ、ハーニンゲ、ボートシルカ市の就学前学校、基礎学校（日本の小中学校に当たる）に勤務しました。

体育と現代言語の日本語の教師として公立の基礎学校と高校に常勤し始めて一八年になります。特に高校の専任教諭としてクラス担任を持ち始めてからは、教科担当として授業を担当する以外に、様々な担任業務や学校の業務、職員研修、プロジェクトに関わり、どっぷりと現地校教諭の仕事に浸かっています。

プライベートでは、スウェーデンで三人の子どもを育てながら、保護者としても、公立、私立双方の就学前学校、基礎学校、高校、さらに国立特別支援学校まで、スウェーデンの学校教育の様々な形態とバリエーションを体験しました。

スウェーデンに住む前に東京都の私立高校の教諭経験があり、スウェーデンに来てからも二〇年ほど、ストックホルム日本人補習学校にも並行して勤務していました。常に日本的な働き方や考え方、授業スタイルなど、スウェーデンと日本の学校の違いを考えさせられてきましたが、二〇年以上経った今でも、日本的な職業観、教師観に縛られている自分に気づくことがあります。

もちろん、最近ではどちらかと言えばスウェーデン的に物事を考え、実践することが多くなってはいます。またこの一〇年ほど関わってきたスウェーデンの高校生の日本研修や日本の高校や大学との交流プロジェクトを通じて、日本とスウェーデンの教育の違いを生徒たちとともに体験してきました。

本章では、現場の教師の目から見たスウェーデンの学校が目指すものとその特徴について、これまで勤務した学校での経験など具体的なエピソードを交え紹介します。

全ての子どもが平等に

「みんなの学校」というスローガンは、一九八〇年以降のスウェーデンの学校が目指してきたインクルーシブ教育のキーワードです。それが目指すものは、全ての子どもが同等に学校で教育を受ける権利を保障することです。狭義には障害児教育、特別支援教育で使われていた言葉です。広義には障害のあるなしに限らず、子どもの社会、経済的な事情や、移民・難民などの背景、性別や人種、宗教などにかかわらず、地域の学校で、同じ価値がある教育を分け隔てなく受ける権利を保障することです。スウェーデンの教育は、子どもたちを物理的に同じ学校に集め、マジョリティーに同化するように仕向けるものではありません。同じ学校の中で、あるいは同じ教室の中で、それぞれが異なる個人として受け入れられ、尊重され、子どもに合った教育環境と支援を整えていくことを目指しています。スウェーデンの学校の特徴を一言で言うなら、「みんなの学校」という言葉が一番ぴったりくると思います。

スウェーデンの学校は画一化した既成の価値観を押し付けたり、知識を詰め込むところではありません。学習指導要領にも、学校は「社会的、文化的なミーティングポイント」と表現されており、社会を構成する異なる個人が集まるところであると考えられています。教師の講義を聞いてひたすらノートを取るのが当たり前の日本の学校とは異なり、授業時間の多くはグループでのディスカッションやクラスでのプレゼンテーション、個人で課題に取り組む時間などに使われます。日本のような一斉授業は主ではありません。

そして、スウェーデンの学校では「みんな違う」のが当たり前。自由に自分の意見を表明し、一人ひとりが違うことを学び、お互いに尊重し、そして助け合うように教育されます。その結果、現在のスウェーデンの学校では、個人を尊重し、寛容で、多文化や多様性が感じられるのが日常となっています。知識や技術の習得においても、優劣をつけて競争させるのではなく、到達目標が同じでも、それに到達するための方法や時間などの条件は非常に柔軟で、何度もチャンスを与えられるのが特徴です。

2　柔軟性ある学校システム

進む地方分権

一九九一年以降、スウェーデンの学校のシステムは中央集権型ではなくなりました。国レベルでは学校庁の定める学習指導要領が、公立私立を問わず全国の就学前学校、基礎学校と高等学校の共通の指針となっています。

公立学校の場合、就学前と初等中等教育は全国に二九〇ある市がその責務を負っています。そして市による教育プランに従い、市から割り当てられた予算や国からの補助金を使って、各学校の教育方針や具体的な学校運営プランを決定します。その決定は、各校の校長の職務です。校長には、学校という組織がうまく機能するように人事を含めたシステムを整える、経営者としての手腕が求められます。

授業の内容や方法、評価に関しては、授業者である個々の教師に大きく任されているところが、日本と非常に異なる点です。スウェーデンの学校の共通項は、学校法や学校庁の学習指導要領に定められた教育指針や評価基準に従っているという点のみです。各教科の学習内容や知識・技能の到達目標にどう到達するかは個々の教師に任されている、非常に柔軟で自由なシステムです。

日本のように文部科学省認定の教科書を使って、指導書どおりに授業をしていれば最低限の教育の質が保証されるというわけではありません。授業内容も非常にバラエティーに富んでいます。

そもそも認定教科書制度はなく、学習指導要領に準拠した形で出版された教科書は複数ありますが、それを使うか使わないかは教師の判断によります。最近では、デジタル教材を中心に授業を進める教師も増えてきています。

授業時間数も指針となる時間数は定められていますが、必要に応じて、教師の判断で修正して実施することも可能です。例えば、私が担当する日本語では、同じ現代言語でもヨーロッパ言語と同じ時間数では目標に達するのが難しいと考え、週三回の授業で、五〇分から一時間の授業時間を確保しています。

公立も私立も無償

スウェーデンの初等中等教育は公立も私立も無償です。給食も無償で提供されています。一六歳未満の子どもには児童手当として、一六歳に達すると学習補助金として、月に一〇五〇クローナ（約一五〇〇〇円）が支給されます。それだけを見ても、スウェーデンでは家庭の社会的、経済的事情にかかわらず、平等な機会が子どもたちに与えられていることが分かります。

公共交通機関の定期券は自宅から学校までの距離によって支給され、高校でもそれに準じる市が多いです。基本的に保護者が学校に関わる費用を負担する必要はありません。

教科書や副読本などの教材は、一定期間使いまわします。学校からの期限付き貸し出しが主で、基礎学校では学校の予算に応じて、教材の一部を個人に買い与えることもあります。ノートや鉛筆、ファイルなどの文房具も学校でまとめて用意されます。私は個人の文具を一式持って授業に行き、文房具が私有物という感覚がない生徒たちに貸したものが返却されなかったり、粗末に扱われたりして、少なからずショックを受けたことがあります。私が常勤するトゥンバ高校では、毎年学年末に生徒が一年間使ったロッカーを掃除して明け渡します。その際、文具やテスト、使用済みのプリント類が簡単に捨てられていくのを目の当たりにして、いつもカルチャーショックを受けています。

また、社会見学や遠足、行事に関わる費用も、原則、学校が負担します。私は毎年生徒を連れて日本研修に行きますが、飛行機代、宿泊費、現地での交通費や食費の一部まで学校が負担していると言うと、日本ではたいへん驚かれます。

増える選択肢

学校が国から市の管轄になり、児童生徒は地域の学校を選択することが可能になりました。学校は児童生徒一人ひとりにつき補助金を支給されるシステムになり、平等を目指すスウェーデンの公立学校でも、都市と地方、あるいは同じ市の中でも地域差や学校差が指摘されてきました。また、同時期に行われた私立学校改革により、私立学校にも市から同様に補助金が支給されるようになり、都市部を中心に私立学校の数が著しく増加し、学校の選択肢が増えてきました。

二〇一三年の学校庁の調査によると、私立学校は全国に七九二校あり、義務教育を受ける児童生徒数の約一五パーセントが、高校生は二五パーセントが私立学校に通っています。[2] 同調査によれば、私立学校に子どもを通わせる保護者のほうが高学歴で、家庭で学習習慣があり、経済的に

高校メッセ。こうした大規模なメッセがあるのはストックホルム、イェーテボリ、マルメなどの大都市のみ。

も恵まれていることが分かっています。

公立の基礎学校だけでも、六歳児を対象にした就学前学級（基礎学校に入る前の一年の準備クラス。二〇一八年から義務化）から九年生（日本の中学三年生）までを包括する大きな学校もあれば、低学年だけの学校、五年生までの学校、六年生までの学校、中学生だけの学校など様々です。[3]

近年は出生数の上昇や移民受け入れの結果、子どもの数が増え、バラックなどの仮設教室を校内に設置して対処する学校もあります。子どもの数の増加が著しい都市郊外の地域では新設校が増え、私立学校の進出も見られます。公立学校は基礎学校も高校も施設の上では比較的恵まれていますが、私立学校の多くは既存する建物やその一部を借りて教室を確保しており、一見、雑居ビルに学校が入っているようなところや、体育室などの実技教室や図書室などの施設が十分備わっていない学校も見られます。

私のトゥンバ高校での職務の一つに、生徒募集のためのマーケティング活動があります。日本の公立校では聞き慣れない言葉かもしれませんが、スウェーデンでは公立高校も生徒獲得のために、高校メッセへの参加、オープンスクール、体験授業などを行っています。スウェーデンでは九〇年代前半からの経済危機の影響を受けて、子どもの出生数が一時減少していたため、二〇一〇年以降、しばらく高校出願の生徒数の母数が少なく、その一方で私立学校の数は増えてきていたため、生徒獲得のためのマーケティングは非常に重要になりました。また生徒数の確保は補助金の関係で、学校の安定経営に欠かせません。

私立学校のニーズ

毎年一一月に開催される九年生（日本の中学三年生）を対象にした高校メッセを見渡すと、ストックホルム圏内には多くの私立学校があるのに目を見張ります。スウェーデンで生徒数が多い私立学校の多くはホールディングスの形をとった会社経営で、私人が所有者です。学校経営で収益が上がれば、それに投資する会社が出てきて買収するといったビジネスが学校経営の背後にあります。

ストックホルムの私立学校で一番生徒数が多いインターナショナル・エンゲルスカスコーランは、創始者のカナダ出身の女性教師が、「今年の企業家」女性部門の賞を受賞したことがありました。国際化、グローバリゼーションが進む中で、国際的に質が高い教育を子どもに受けさせたいという保護者のニーズに一早く応える形で、私立学校の経営に成功したと言えます。

公立のトゥンバ高校の場合、一クラスあたりの定員が三〇名で、定員を大きく割ってしまう場合はクラスとしてのスタートを見合わせることになりますが、私立学校は一校あたりの人数が少ない学校もありますが、公立学校にないプロフィールを売り物に、人気を維持しています。しかし私立学校は税金を使って、義務教育を含めた学校教育をビジネスにしているという倫理的な問題と、経営悪化の影響で学校が閉鎖されるリスクなどが、スウェーデン国内でも問題視されています。

これらの大手の私立学校は、欧州や欧州圏外でも傘下の学校をスタートさせています。私立学校による教育の輸出です。また特別支援教育の分野でも、最近は私立学校が多く新設されてきています。今後、個々の公立学校のあり方やマーケティングを考える上でも、私立学校の動向は注目されています。

評価される学校

スウェーデンでは、かなりの自由裁量が学校の現場に任されています。公立、私立学校を問わず、学校視察局という役所が定期的に学校の様子を視察し、レポートします。学校視察局は、いわば学校の大目付の役割を果たしています。

学校視察局の訪問日の予告は受けますが、当日学校のどこを見るかは、調査員がその場でアットランダムに決めます。学校環境、教室の様子、授業参観、生徒や職員へのインタビューを行い、作成されたレポートは公表されます。基準に満たない項目や改善を指摘された事柄に関して、学校は校長を中心に具体的な対策を練り、改善、問題解決に努めなくてはいけません。この視察は年に数回あります。

トゥンバ高校では数年前の学校視察局の調査で、授業中の生徒の私語、携帯電話の使用、教師の指導の仕方、学校や教室環境などについて様々な問題を指摘されました。学校は教育コンサルタントと契約し、特に問題があると考えられたクラスの授業の改善のためのコンサルティングを受けたり、全教職員向けに講演会や勉強会を開催しました。翌年からは教育コンサルタントが全ての教師の授業を参観し、助言を行うことになったほか、スウェーデンでは珍しいことですが、教師相互の授業の参観や、クラスルームマネージメントの基本指導などを受けました。自由すぎたスウェーデンの教育環境を見直し、教師主導で規律ある教室環境づくりと授業の提供が試みられたというわけです。なお教師による生徒の座席指定や席替え、授業の導入・展開・まとめをはっきりさせた授業計画などは、日本の学校では普通に行われている内容と言えます。また授業中に生徒の携帯を一括して預かる収納スペース（通称「モバイル保育園」）の導入や学校カウンセラーの設置も、学校視察局の指摘を受けて実現しました。

生徒や保護者からの評価

学校視察局は生徒や保護者、さらには学校職員向けのアンケート調査を毎年全国的に行っています。スウェーデンに住んでいると様々な社会サービスについてのアンケート調査が多くあり、学校も例外ではありません。

基礎学校では五年生と九年生、高校では二年生を対象に学校生活全般について、匿名で調査を行い、学校別、プログラム別、自治体別、全国的な統計結果が出されます。質問内容は学校環境から教育内容、授業、教師など項目は多岐にわたります。生徒はそれぞれの項目について五段階の評価をします。最近ではデジタル方式のアンケートになっていますが、私の学校では回答率を高めるため、ホームルームの時間を使って一斉に生徒に回答してもらいます。そして、このアンケートの結果を職員会議で丁寧に一項目ずつ分析し改善策を話し合います。内容によってはもう一度クラスに持ち帰り、話し合いをもって生徒の意見を聞き改善に努めることもあります。

公立学校の教員は市に雇用されているので、市による職員対象のアンケート調査も毎年あります。組織が機能しているか、上司が適切なサポートをしているか、労働環境、職場での協力体制、情報伝達、ストレス、やりがい、ワークバランスなど、質問内容も多岐にわたります。新学期には必ず市の教育担当の政治家や教育委員会、高校あるいは基礎学校担当部署の長による挨拶や学校訪問、授業訪問があります。また、学校内では管理職による教員との給与に関する面談や、職務全般にわたる個人面談が学期に一度あります。

高校では各教科のコースについても、学年末にアンケート調査などをし、生徒による評価をします。このコース評価を元に、教員は次年度の授業計画の際に改善を工夫します。

高校入試がない

高校入学選抜は、義務教育最後の九年生の最終成績を内申点として決まります。音楽や美術プログラムで実技審査を行うところもありますが、基本的に日本のような受験はありません。高校出願は入学の半年前に第一次出願が行われ、その後、志望校の出願者データが一通り出てから変更が可能な期間が設けられています。志望校は優先順位をつけて複数申請することができますが、新学期がスタートしてからの変更もありえます。

新学期の最初の一カ月ほどは生徒の在籍が流動的です。実際に通ってみて、プログラムの選択を後悔した場合、定員に空きがあれば、同じ高校内では変更することが可能ですし、上位志願校に空きができれば他校に中途転入することも不可能ではありません。また、次年度、別のプログラムで学び直すために、高校出願をし直すなどの進路変更をする生徒もいます。そのため、年齢の違う生徒が同じ学年に混在していることが珍しくありません。

スウェーデンでは高校進学の際、職業教育コースか、大学準備コースか、どちらかのプログラムを選択します。二〇一一年の高校改革以降、一八のナショナルプログラム（うち六プログラムが大学準備コース）ができました。生徒は将来のことを考え、自分の関心があるプログラムを選びますが、この選択は決して簡単ではありません。大学準備コースの場合、どのプログラムを選んでも、自由選択科目などで必要な科目の単位を補充して、幅広い領域の大学出願資格を取得できるようになっています。卒業試験はなく、卒業研究に合格することが高校卒業資格を得る前提です。高校ではどのプログラムも三年間で二五〇〇単位を履修します。

トゥンバ高校の場合、プログラムごとのクラス編成で一クラス、あるいは複数クラスあるプログラムもありますが、クラスの定員は最大で三〇人。定員割れの場合は、将来的な見通しを考慮してクラスをスタートさせることもあれば、継続しては開講できないこともあります。実学に重きを置く傾向のあるスウェーデンでは、大学準備コースの中でも科学、技術系のプログラムに人気があります。人文学プログラムに生徒を集めるために、どの学校も苦労しています。トゥンバ高校は日本語を人文学プログラムのプロフィールにしているため、その独自性が評価され、定員割れが続いた年もありましたが、一〇年以上日本語専科クラスが成立しています。

トゥンバ高校はストックホルム圏内では二、三番目に志願数が多い高校で、一四〇〇人ほどの生徒が在籍しているマンモス校です。生徒ができるだけアットホームな雰囲気を感じられるように、三年間クラス担任は持ち上がり、教科担任はできるだけ同じプログラム内で同じ教師が担当するような人事配置で、生徒のホームルームと職員室も同じエリアに整備されています。できるだけ教師が生徒を把握し、コミュニケーションが円滑にいくよう、また教師同士の情報交換がしやすいように配慮されてきた結果です。スウェーデンでは二科目以上の資格をもつ教師が多く、それが雇用の際も奨励されています。その結果、一〇人前後からなるチームの教師が同じプログラムを担当します。科目を超えたプロジェクトや、大学との連携も進んでいます。

なおスウェーデンでは、基礎学校を卒業する生徒の五人に一人が高校出願資格を持っていないという統計がありますが、トゥンバ高校は、基礎学校在学中に高校出願資格を取得できなかった生徒のためのイントロダクションプログラムも併設しています。このプログラムで一年間基礎学力を養成し、次年度、高校出願を目指します。

塾や予備校がない

大学入学選抜方法は複数ありますが、現役の高校生の場合は、主に学校の成績が審査対象になります。いわゆる内申点は、高校三年間の成績が全てその審査対象となるため、日本に比べると学校の授業と成績のウエイトが大きいと言えます。

別の選抜方法として、年に二回ずつ受験できる大学共通試験があります。この試験はマークシート式の客観テストでスウェーデン語、英語、数学の得点が点数化されます。受験料が四五〇クローネ（約六三〇〇円）と有料であるため、受験者の社会経済的背景に偏りがあることが問題として指摘されていますが、複数回受験して一番よいポイントを大学出願に使うことができます。

スウェーデンの高校間の成績には差異があります。また学校のスウェーデン語や英語、社会などの科目では、ディスカッションや口頭試験も重視されます。しかしスウェーデン人でも、口頭のパフォーマンスが得意な人ばかりではありませんから、この客観テストが入学選抜の一つの選択肢になっているのは、機会均等の点からもよいことだと思います。高校既卒者も大学進学をする際に何度か大学共通試験を受験することができます。

職業経験を考慮する選抜方法もあります。またスウェーデンでは、一度社会に出てから大学で再教育を受けることが比較的容易なので、高校で履修していない科目を成人教育機関で履修して、その単位をもって出願する選抜方法もあります。

リカレント教育（第5章参照）のシステムが整っているため、日本のように高校卒業者の多くがすぐに大学に進学するのではなく、一、二年ほど海外経験をしたり、アルバイトをしたりしてから大学に進学する若者もたくさんいます。様々な職業、人生経験を経た後に新たに大学で勉強する人もいますので、幅広い年齢層の人が大学で学んでいます。どこの大学に何名合格といったことで、高校が競い合うことはありません。

スウェーデンの高校の関心事は、高校卒業資格取得率を上げることです。生徒から見れば、高校でよい成績を取ることが大学進学により有利な条件を作り出します。教師から見れば、個々の授業の質を向上させ、より多くの生徒が学習指導要領に明記された到達目標に達するよう支援することが重要な任務となります。日本のように生徒が入試のために塾や予備校に通ったり、模擬試験を受けることはありません。

3　学校は社会のミニチュア

学校は民主主義を学ぶ場

スウェーデンの学校について語るとき、スウェーデンの社会が目指すものと切り離して語ることはできません。学校は社会のミニチュアであり、社会で求められる市民を養成する場でもあるからです。学校庁の学習指導要領の冒頭には「スウェーデンの学校は､民主主義の原則に基づく」とあります。スウェーデンでは基礎学校の低学年であっても、民主主義とは何か、年齢相応のレベルで学んでいます。

例えば、ほとんどの基礎学校で、国連の子どもの権利条約の条文などを取り上げて、子どもにどんな権利があるかを学びます。そのため小さな子どもも、自分たちに権利があり、それが尊重されるべきことを知っています。

いろいろな政党の青年部がキャンペーンに来る。写真手前は穏健党の青年部によるブース。

学校に対して、民主主義をテーマにしたプロジェクトを積極的に働きかける自治体もあります。例えば、私のかつての教育実習校では、基礎学校の五年生が身近な問題について問題提起をして、具体的な改善案について賛同者の署名を集めたり、マスコミや公の機関に働きかけるといった一連の活動で表彰を受けました。このクラスの問題提起は、いつも使っているバス路線や時間が変わってしまい、通学が不便になったことでした。他にもその影響で不都合に思っている人がいました。そこで皆の声を集めて形にしよう！　と活動したのです。このようにスウェーデンの学校では、小さい頃から身近な社会の問題に注目して、自分の意見を表明する機会があります。教科書を読むだけでは身につかない力を、シミュレーションや体験から身につけていきます。

基礎学校の高学年（日本の中学校）・高校では、選挙の年になると、政治家から学校で説明会やディベートをしたいと積極的に働きかけがあります。それも、自治体議員からヨーロッパ議会、首相や大臣の時までであります。スウェーデンでは普段から、政党青年部のメンバーや青少年支援機関など、外部団体が説明会や展示、レクチャーに来校します。教師個人が自分の授業の枠内で、外部からゲストを呼ぶような試みをすることもあります。

スウェーデンの生徒たちは、日本に比べて政治にも関心があると、日本では思われていることでしょう。けれども彼らは、いきなり難しい国際問題や国内政策について議論するわけではありません。日常の生活の中で問題意識をもつことが小さい頃からトレーニングされていること、問題を話し合う機会が学校でも与えられていること、話し合って行動すれば小さな変化があるという実感を持つこと、その積み重ねではないかと思います。

また、スウェーデンの教師の中には学校外で積極的に政治活動をしている人もいます。学校ではあくまで中立の立場を守ることで、学校外の政治活動は社会的にも容認されています。

生徒の意見は聞かなければならない

スウェーデンでは、子どもたちが嫌がることを無理強いしない寛容な方針で子育てしている家庭が多く見られます。そのため小さな子どもたちの中には、「大人は子どもに勉強や宿題を無理強いしてはいけない」と大胆な勘違いをしている子もいないわけではありません。そんな中で教師が一方的に授業を進めようとすれば、うまくいかないことも多くあります。そんなときは、根気よく子どもたちと話し合っていかねばなりません。子ども同士で話し合わせ、意見を交換させながら、理解を促すという段階を踏むことも多いです。

スウェーデンの学校では、基礎学校からそうした環境なので、高校生となればなおのこと、教師として生徒の意見に耳を傾けることは幾度となくあります。妥協できる内容であれば若干の譲歩はありえますし、そのことで生徒のモチベーションが高まることもあります。もちろん生徒たちは、自分たちの意見が全て通るものではないことも分かっています。

基礎学校の低学年を教えていると、授業の導入部分から、必ずと言っていいほど「なぜ?」「どうして?」と疑問を発する子どもがいます。さすがに学年が上がるにつれて質問の内容が変わってきますが、疑問に思ったことはすぐに挙手して質問したり、意見を言ったりできる雰囲気が学校にはあります。

私の日本人としての感覚では、せめて人が話しているときは静かに聞いて、その後で質問をしてほしいと思うことがよくありますが、職員会議など大人の会議でも同様の光景を目にします。しかしスウェーデンの学校では、生徒の意見を学校全般に反映させることが一つの重要な課題であり、自由に質問をしたり、意見を表明する機会が保障されています。これは学校生活全般において言えることで、先述の学校視察局が生徒にインタビューをしてチェックするポイントの一つでもあります。

生徒会の大きな役割

スウェーデンの学校にも生徒会があります。学校生活、学習環境などに生徒の意見を反映させる重要な役割を担っています。日本の学校のように文化祭や学園祭のような大掛かりな催しはありませんが、生徒会主催のテーマデー、イベントやプロジェクトは学期中に複数あります。

トゥンバ高校は、クラスの規模は様々ですが、クラス数は一〇〇近くあります。そのため一つの大きな生徒会では会議に全クラスが代表を出せず、各クラスの意見が反映しにくかったため、数年前からセクターごとの生徒会を設けて、学期に二、三回のミーティングをもっています。各クラスは週に一度、全学共通のロングホームルームの時間が三〇分あります。その時間を使って、生徒会を前に意見、提案を出したり、生徒会に出席したクラス代表の報告を聞いたりします。各セクターには一五〜二〇クラスほどの代表が集まり、職員代表は各セクターの責任者である教頭が出席します。生徒からの意見に対し、ある程度の決定権と予算をもっている教頭が出席することで、対応が早く生徒は満足しているようです。学期末には学校全体の生徒総会をもち、校長も含めて生徒のプレゼンに耳を傾けます。

生徒会で取り上げられる内容は、**図表３－１**のようなことがあげられます。スウェーデンの学校では、比較的頻繁に長期休暇を使って教室の壁や床のリノベーションをしますが、生徒たちにどんな色にしたいか意見を聞いたこともありました。若草色の壁がいいとか、自由に絵が描きたいとか、飾り付けがしたいとか、いろいろな意見が出ましたが、結局、前述の学校視察局の指導を受けて、教室や廊下の壁は白で統一、床は濃いグレーになり、より学習に集中できるように考慮され、掲示物は額に入れたもののみと決まりました。

日本の学校では時間割は学校によって決められたもので、生徒の希望で変更することなどありえませんが、スウェーデンの学校ではクラスによって授業開始や終了の時間、昼休みの時間、一日の授業数も異なり、選択科目によっては空き時間もできます。生徒たちができるだけ効率的に

図表 3-1　トゥンバ高校の生徒会で取り上げる内容（例）

学校環境	学習面
照明や防音	時間割の改善
採光、遮光	宿題、テスト、中間評価の方法
男女共用トイレ	三者面談についての希望
ベンチ、共用・談話スペース	授業時間の確保
室内温度や空調	情報のデジタル化
Wi-Fi環境の改善、充電設備	図書館の開館時間、自習室や学習支援、宿題支援へのアクセス
給水機の取り付け	
更衣室のシャワーカーテンの取り付け	
教室内の植物、鏡の取り付け	
給食、朝食セットメニュー	

他に、学校行事やクラブ（日本の学校の部活のようなものではなく、共通の関心事をもつ生徒たちの同好会、サークルに近い）結成についての提案もある。

学校で授業が受けられるよう配慮し、時間割変更や教室変更が学期の途中でもあります。また、多くの授業ではデジタル化された教材や資料を使うようになっているので、紙ベースの配布物を極力少なくしてほしいといったリクエストもあります。学校生活や授業に関わる全てのインフォメーションは、生徒がどこからでもアクセス可能な学校内サイトにアップしなければなりません。

ベジタリアン・メニューにパンケーキ・デー

高校でも給食が無料なのはありがたいことですが、スウェーデンの高校生は食事にもリクエストが多いです。食物アレルギー、ラクトースフリーやグルテンフリー、宗教上の事情、さらにベジタリアンやヴィーガンの生徒たちへの対応は、入学時に調査して配慮します。

スウェーデンでは特に食に関して、社会全般に非常に柔軟で寛容です。ベジタリアン、ヴィーガンになる若者は年々確実に増えていますし、町のレストランでも学校の給食でも必ずと言っていいほど、ベジタリアンのチョイスができます。スウェーデンのスーパーには専用のコーナーがあるところも珍しくありません。

ですから生徒会で取り上げられるリクエストは、さらにベジタリアンのバリエーションを増やしてほしいとか、もっとエコ栽培の野菜を使ってほしいとか、近隣で生産されるものを使ってほしいとか、環境への関心の高さを窺わせるものもあれば、スウェーデンの子どもが大好きなパンケーキを基礎学校のように出してほしいとか、本当に自由な意見が飛び出します。

トゥンバ高校では年に一回パンケーキ・デーなる日を作り、数種類のパンケーキとジャムやフルーツのトッピングが提供されます。生徒には大好評です。私はいつも「みんなは幸せね。こんな美味しいランチが無料で食べられるのは高校までだよ」と言っています。無料で与えられるのが当たり前になっているせいか、私には彼らが感謝することがあまりなく、ひたすら要求をしているように見えてしまうときがあります。高校卒業後には、スウェーデンでも無料のランチなどありません。大学の食堂は日本とは異なり、かなり値段が張ることなどは、スウェーデンの生徒たちはこれから知っていくことになります。

生徒のリクエストで始まった日本語科目

緊急を要することは、毎週のホームルームで取り上げ、クラス担任を通じてセクターの教頭や責任者に伝えたり、生徒が直接、教頭や校長に掛け合うこともよくあります。

私が担当する日本語が選択科目として採用され、授業が始まった経緯も、関心をもつ生徒たちによる校長への直接のリクエストと署名活動からでした。それはトゥンバ高校だけではなく、前任校のフレデリーカ・ブレーメ高校でも同様のプロセスで、日本語のコースが始まりました。選択科目や現代言語などは、生徒の意見を反映してスタートしたコースが幾つかあります。

授業については、基本的に決めるのは教師ですが、生徒の意見を聞いたり、選択の余地を残しておくのが、民主主義の原則からしても大切だと考えられています。例えば、語学の授業で文学作品を読むとすると、生徒が自分で読みたい本を選択できるようにしたり、テストの期日や頻度、テストの方法についても、生徒の意見を聞くことがあります。

日本のように定期試験の期日が学校で決まっているわけではないので、各教科の担当教師が試験や課題提出の日程を学期中、自由に設定します。その結果、生徒のテストや課題が特定の週に集中することがないようにと、トゥンバ高校では、生徒の視点に立って、週に三つ以上の試験がないように、また、二四時間以内にやらなければいけない宿題を出さない、という独自の決まりがあります。

最近はデジタル技術のおかげで、生徒は自分の宿題やテストの予定などが一目で分かるようになっていますし、教師も自分の担当教科以外の課題やテストの予定まで、すぐにチェックすることができます。教師は生徒の声にも耳を傾け、一人でも多くの生徒が課題をクリアし、各教科の到達目標に達するよう支援します。

チームワークで解決

成績評価は出席率や授業態度、テストの点数などから、数字で明解に区分するものではありません。非常に分かりにくい学習指導要領の文面とにらめっこをしながら、その評価基準に従い、生徒の知識を評価しています。最近では学校庁がより明確な評価基準表を導入しており、教師にとっては生徒の継続的な評価やフィードバックがしやすくなりました。

科目によっては筆記テストだけではなく、口頭テストでの評価も可能です。また何らかの障害や困難がある場合は、それを考慮して何らかの支援措置を施し、その上で個人の能力を評価するという考え方です。学年末に成績をつける前には、個人面談で成績について全ての生徒と話し合いをもちます。

授業やテスト、評価の仕方についても生徒や保護者は自由に意見が言えます。時には教師に、生徒やクラスの意見（ホームルームの話し合いによる合意に基づく）、保護者からの不満が寄せられたり、軋轢が生じることもあります。しかし多くの場合は、生徒、保護者との面談、クラスでの話し合いなど、コミュニケーションの疎通を図ることで解決しています。また学期中、生徒に追試や到達度を評価する機会を何度か与えていますし、学年末には生徒の希望で再評価をすることもあります。

トゥンバ高校では授業者や担任だけで解決できない問題については、教頭をはじめ管理職、特別支援教諭、社会福祉士など複数の職員が協力的に関わって問題解決に努めます。これまで述べてきたようにスウェーデンでは、学校や教師に自由度が高い分、生徒も保護者も率直に意見を言い、学校側が評価される場面が多くありますが、チームワークによって、特定の教師が批判の的にならないように配慮されている点は、非常に優れた仕組みだと思います。

リクエストをしたからといって、全てが認められるわけではなく、また約束されても実行に時間がかかることもあります。それでも必要があれば、次の機会にも根気強くリクエストを繰り返すことを生徒は学びます。また様々な批判や要求をする一方、個人批判や中傷にならないよう、よりよい人間関係を築くための方法も学んでいかねばなりません。これら全てのプロセスが、スウェーデンの社会のあり方を反映しています。

スウェーデンの子どもたちは、学校教育全般を通して民主主義の考え方を体得し、実践していくのです。

4　教育の平等を目指して

差別を許さない社会

スウェーデンの学校では、人権を遵守し、個人を尊重する教育が目指されています。学校ではいかなる差別も許されません。年齢、性差、宗教、信条、人種や移民背景、社会・経済的な背景にかかわらず、障害のあるなし、性的マイノリティーであるかどうかにかかわらず、平等に教育の機会を与えられ、お互いに尊重し合うことを学べるよう努力しています。同時に、格差が拡大しない努力、また個人の能力やニーズに合わせて、同じ価値のある教育を提供するために努力しています。

親の代から男女平等

スウェーデンではは社会がそうであるように、学校でも、日本ほど男女による性差や分け隔ては感じられません。男子校、女子校もありません。例えば、トゥンバ高校のトイレは大方、生徒用も職員用も男女共用です。昔の名残りで男女別の表示が残っていると、生徒たちから取り払ってほしいとリクエストがあります。就学前学校や基礎学校も同様です。家庭科やクラフトなどの授業は六〇年代から男女共修となり、親の世代から男女共修だったという子どもたちもいます。体育の授業内容も、男女で分けないのが一般的です。

スウェーデンの基礎学校で体育の授業をもっていた頃の私は、特にサッカーやバスケットボール、ハンドボールのような球技は身体接触が避けられないので、男女混合では難しいと思っていました。しかし、男女別にチームを編成すると、かえって子どもたちには不評でした。ボールが怖い女子もスポーツが得意な男子も、あるいはその逆でも、子どもたちは自然と誰に強いボールをパスし、誰に弱くやさしいボールをパスしたらよいか自然に学んでいたのです。違うのは更衣室ぐらいです。

私の日本語クラスの生徒は高校二年生で日本研修に参加し、日本の高校に体験入学します。そこで当然、カルチャーショックに出くわします。スウェーデンでは小さい頃から男女同じように育てられ、同じように学校でも活動してきているので、高校生ぐらいになると、身体的な性差があっても、体育の授業を別々に受けることには違和感を覚えるようです。もう一つのカルチャーショックは、スウェーデンの学校では体育の前後に更衣室で着替えをし、シャワーをするのが普通であるのに、日本では水泳以外の体育の授業では、授業後にシャワーができないことです。また、学校によっては更衣室が十分になく、女子は教室、男子は廊下で着替えていたことに、びっくりしたと言う生徒もいました。

なお更衣室とシャワーは、スウェーデンの学校の中では非常にプライベートで微妙な場所で、基礎学校では、いじめやトラブルの場になる可能性がよく指摘されています。体育の後のシャワーや更衣室も、特別な事情のある生徒にはシャワーを免除したり、職員用のシャワーや別の部屋の使用を可能にするなどといった配慮をするケースもあります。

男女不平等が想像できない

私の日本語の授業で、仮定法の文法練習として「もし男だったら……」「もし女だったら……」という例文を出すことがあります。生徒たちは、その後に続く例文をなかなか思いつくことができません。スウェーデンで育った彼らにとっては、男でないとできないこととか、女でないとできないことが、非常に限られているからです。

興味深いのは、毎年、たいていの女子生徒は「男だったら、もっとお給料がよくなると思います」と答えることです。男女の賃金差はスウェーデンでも課題で、高校生もそれを認識しています。また、「女だったら、もっと成績がよくなると思います」と答えた男子生徒がいました。彼は、同じ実力だったら女性のほうがより高く評価されると感じているようでした。

日本の日本語の教科書には、非常にステレオタイプな男女差がにじみ出ている例文や問題文が多く、苦笑します。例えば「お母さんは喫茶店でコーヒーを飲んで、買い物に行きました」、「お父さんは仕事の後、お酒を飲みに行きました」といった例文が出てくると、スウェーデンの生徒たちは「なぜ、お母さんばかりが喫茶店？」「お父さんは仕事の後、家に帰らないの？」と疑問を抱きます。また、みんな平等と教えられているので「お父さんとお母さん、どちらが好きですか？」とか「どちらがやさしいですか？」といったタイプの質問は、どちらかを貶めるような表現と解釈され、答えるのを躊躇する生徒が多いです。

人文は女子、技術は男子が多い

私のクラスは人文学科ということもあり、圧倒的に語学や文学を好む女子が多いためか、男子は少数派です。だからといって特別肩身の狭い思いはしていない様子ですが。高校から専攻プログラムを選ぶことで、男女を問わず、同じような関心をもつ仲間が集まったことに親しみと安心感を覚えている生徒が多く、男女ともに仲がいいクラスです。

とは言え、高校の専攻プログラムの選択にあたっては男女による差が見られるのも事実です。職業教育コースでは保育士のプログラムは女子が多く、電気工、自動車修理工などのプログラムは圧倒的に男子が多いと言えます。

大学準備コースの理系では技術プログラム、社会系では社会経済プログラムで顕著に男子生徒が多くなります。スウェーデンでも伝統的に女性が多い職業が残っており、そのような職種で特に賃金が安いことも指摘されています。ちなみにスウェーデンでは、自営業を営む職人のほうが、しばしば、大卒のサラリーマンより高い収入を得ている場合も見られます。

教室環境では、女子生徒よりも男子生徒のほうが、良くも悪くもより多く注目を浴びるという定説がありますが、私の経験にも大方一致しています。男子生徒のほうが問題が目に留まりやすく、そのため特別な配慮を受けやすく、具体的な解決策を見出しやすい傾向があります。一方、女子生徒のほうが問題を表に出さない傾向があり、教師や周りの大人が察知しにくく、対応が遅れたり、問題を見過ごしたりする可能性があります。これは、スウェーデンでも今後の課題です。

経済的な格差

スウェーデンの学校と一言で言っても、学校や学校のある地域によって、生徒や家庭層も異なれば、学校の抱える課題も異なります。

私が最初に常勤したA校は、ストックホルム郊外の一戸建ての家が多い住宅地域にありました。教員も児童生徒もスウェーデン人やヨーロッパ系の移民が多く、市内でも評判がよい基礎学校でした。私はそのような環境でただ一人、肌の色の違う教師となり、正直なところ、コンプレックスを感じたのを記憶しています。その後、別の自治体で、移民の多い地域の中心地にある基礎学校B校に常勤することになり、自分以外にも外国人教師がたくさんいてほっとしましたが、それ以上に両校の違いには驚いたものです。

A校では一〇月の国連の日のテーマデーにはスウェーデンがいかに国連に寄与しているか、特に途上国援助、戦争や紛争のある地域で働くスウェーデン人のレポートが中心でした。B校では多文化理解、とりわけ身近な異文化理解がテーマでした。また、A校で当たり前のように行っていたことが、B校では到底実現しそうにないことも幾つかありました。

明らかに家庭層や経済的なバックグラウンドの違いを感じたのは、体育や野外活動の内容でした。A校ではスケートの授業があると保護者に手紙を書けば、子どもにスケート靴を持参させることができる家庭が大半でした。みんなスケートができるなんて、さすがスウェーデンと思ったものでした。一方、B校では私が赴任した当時はしばらくスケートの授業を行っていませんでした。教頭から、学校に貸しスケート靴が幾つかあるけれど、古くて人数分はない、と説明されました。

また、A校は野外活動の選択肢にカヤックやキャンプ、乗馬、スキーなどがあり、それらを選択した生徒は、自分で必要な道具を調達して集合場所に来られる家庭の子でした。私は、先輩の教師に教わるまま、保護者あての手紙を書いていましたが、カヤックは簡単に持ち運びできるものではないので、車のついた運搬器具も必要です。個人で所有していなければ、レンタルしなければならず、水辺に運ぶにも車が必要です。それらの準備は有料で、保護者負担でした。A校の野外活動には他の選択肢もあり、一番お金がかからないのは、ウォーキングやジョギングでした。九年生のある男子生徒が「カヤックを選んだ人とウォーキングを選んだ人で、成績は平等につくのですか？」と質問したのを覚えています。A校の児童生徒の家庭とて、全ての家庭に経済的な余裕があるわけではなかったのです。スウェーデンでは平等な教育を目指しますが、一〇〇%平等ということには、やはりなりません。

移民との文化の違い

B校ではスキーなどの野外活動もなく、移民が多い学校特有の問題がありました。例えば、体育の授業で、特定の移民グループの児童生徒の中には、宗教上の理由で女子は男子とダンスをしてはいけない（正確には手をつないではいけない）とか、水泳は男女一緒ではだめだとか、着替えさえ拒む保護者や子どもがいました。スウェーデンの学校では五年生までに二〇〇メートル泳げるようにするのが共通目標ですが、ニューカマーの移民の生徒の中には大きくなっても泳げない人がいるので、野外活動の際、水の事故というリスクへの配慮も必要です。

温暖な国からの移民であれば、スキーやスケートなど当然やったことがない生徒がほとんどですし、スウェーデンの伝統的なスポーツであるオリエンテーリングや野外活動、家族で森を散歩するといった習慣もありません。移民の家庭の中には、このような活動を身近に感じることができず、危険だと感じたり、奨励できないという家庭もありました。

B校校下は移民子弟が多いだけではなく、スウェーデン人家庭でも失業者や社会保障に頼る家庭、経済的にあまり豊かでない家庭が集中していたため、野外活動や社会見学の際、家庭にお弁当を持たせるよう依頼してはいけませんでした。代わりに学校でパンやサンドイッチ、ホットドッグなどを手配しました。このように、学校によって様々な方法で、格差をなくす努力をしています。

移民政策の結果の不平等

学校間格差ができてしまった背景には、スウェーデンの住宅政策の偏りや、移民政策の歪みもあります。不動産の価格が高い地域には、経済的に余裕のある人しか住めません。また移民政策によって多くの場合、同じ国からの移民が同じ地域に集中して住むような結果になっていました。

そもそもB校は七〇年代前半、ストックホルム郊外のこの地域の人口が増えて、最初にできた学校でした。当時はごく普通のスウェーデンの郊外の町で、スウェーデン人の他に、フィンランドからの移民やバルト海沿岸の国、ポーランドあたりからの移民が比較的多く住んでいました。同じ地域のある基礎学校にはフィンランド語クラスが併設されて（フィンランド語を母語にする生徒のため）、スウェーデン語とフィンランド語の二カ国語で授業をしていました。

九〇年代後半にはフィンランド人の生徒の数が減り、このクラスも閉鎖されました。湖に近く緑の多い東側には一戸建てとタウンハウスが、B校がある西側のセントルム（中心部）周辺には高層の賃貸マンション群が建てられていきました。郊外電車の線路を境に、はっきりとした住み分けができてしまったのです。

同じ地域に住む人たちの意識にも、ちょっとしたステータスの差のようなものが見え隠れしていました。九〇年代初期に駅の東側に新しくできた基礎学校C校は非常に評判がよく、一方で肌色の違う移民、難民が集中するB校周辺の評判は悪く、C校に越境通学を希望する家庭が相次ぎました。

私は当時、できて間もなかったC校で二回目の教育実習をしました。施設も新しく、教職員も新しい学校を創っていく意欲に溢れていましたが、教師の目から見ると、別の種類の問題がありました。前述したA校も同様でしたが、ドラッグやアルコールなど、経済的に余裕があるが故に、生徒が手を出してしまうリスクがあったのです。基礎学校高学年（中学生）の保護者は、有志が集まって自主的に夜の巡回をしていました。

不平等をなくす努力

一方、二〇〇〇年以降、B校からそれほど遠くない、かつてはサマーハウスが点在する森だった地域に一戸建ての建築が急速に進み、新興地域ができました。小さい子どもをもつ家族が町から移住してきて、私立の就学前学校が新設され、次は学校が必要という段階になりました。そこで市の教育委員会が、地域内での学校差をなくすために大掛かりな学校組織の再構築に着手しました。

まずはじめに、低学年の小規模校D校を就学前学級から三年生まで、生徒数が増えていたC校を就学前学級から六年生までの学校とし、それ以降の学年の生徒を、全員B校に統合しました。さらにB校は名前を変えて、新しいイメージ作りの努力をしました。もちろん、生徒たちは通学圏内の私立学校に通う選択肢もありました。

スウェーデンの基礎学校の多くは、地域の地名、教会区の地名などがそのまま学校の名前になっています。しかしB校は、地名を捨てて、全く地域色のない名前に改名しました。Bという地名がネガティブなスタンプになっていたことを考えると、スウェーデンも差別のない社会を目指してはいるけれど、やはり市民レベルでは、本音が出てしまうことはあるという一例です。それでも市が地域差をなくすように働きかけ、そのための議論や努力を怠らないのが、スウェーデンなのです。

学力差をなくす努力

地域による学校差は学力差にも顕著に比例して表れています。基礎学校の成績は六年生からつけられます。五年生までは、成績表はありません。九年生の最終成績はポイントに換算され、その総合点の平均や、高校出願資格取得者の割合などが、学校差や地域差の比較の対象になります。基礎学校の三年生（スウェーデン語と算数）、六年生（スウェーデン語、算数、英語）、九年生（スウェーデン語、数学、英語、理科、社会）、高校では専攻プログラムによって若干異なりますが、スウェーデン語、英語、数学の三科目で全国統一のナショナルテストを行っています。

スウェーデンでは授業内容も方法も、各学校や教師で様々です。そこで教師のつける成績が正当かどうか、検討する基準が必要となります。ナショナルテストは、教師が生徒の能力に見合う正当な評価をするために行われます。あくまでも評価の正当性を測るものであり、学校の成績をつける上でナショナルテストの結果は参考にはされますが、決定的なものではありません。

地域による学校差をなくすために、様々な意見が飛び交っています。くじで学校を選ぶとか、市の援助で、地域外の学校に通わせてはどうかといった提案さえあります。

社会的、経済的背景による教育格差を是正する試みは、大学も取り組んでいます。例えばストックホルム大学の法学部から、法学を学ぶ学生の出身や居住地域が非常に偏っているため、法学部への進学者の少ない地域の高校で説明会をしたい、という問い合わせを受けたことがあります。確かに生徒に将来の夢を聞いてみると、自分の育った家庭・社会環境を反映した答えが返ってきます。

PISAショック

二〇一二年のOECD（経済協力開発機構）のPISA調査で、スウェーデンは読解力、数学的リテラシー、科学的リテラシーの全ての分野において、調査国の平均をかなり下回りました[4]（**図表3-2**）。これはスウェーデンの教育界においては非常にショックな結果でした。

日本ほどランキングにこだわらないスウェーデン人も、それまで比較的良好な結果が出ていた読解力まで平均以下だったのには、驚いたようです。私が勤務した複数の市の基礎学校では、九〇年代後半から読書力発達システム（LUS）[4]などを導入して読書力向上のプロジェクトに積極的に取り組んできました。このような背景もあり、語学教師の間での衝撃はさらに大きなものでした。

スウェーデンの生徒は押しなべて英語力が非常に高く、他の外国語もコミュニケイティブな能力は優れていきます。どうやって語学を習得したのか尋ねると、テレビ番組や映画、動画、音楽など耳から学んだと答える人が非常に多いです。

しかし、自分の意見を自由に表現するのは得意ですが、国語にあたるスウェーデン語でも文章

図表 3-2　PISAにおけるスウェーデンの標準偏差

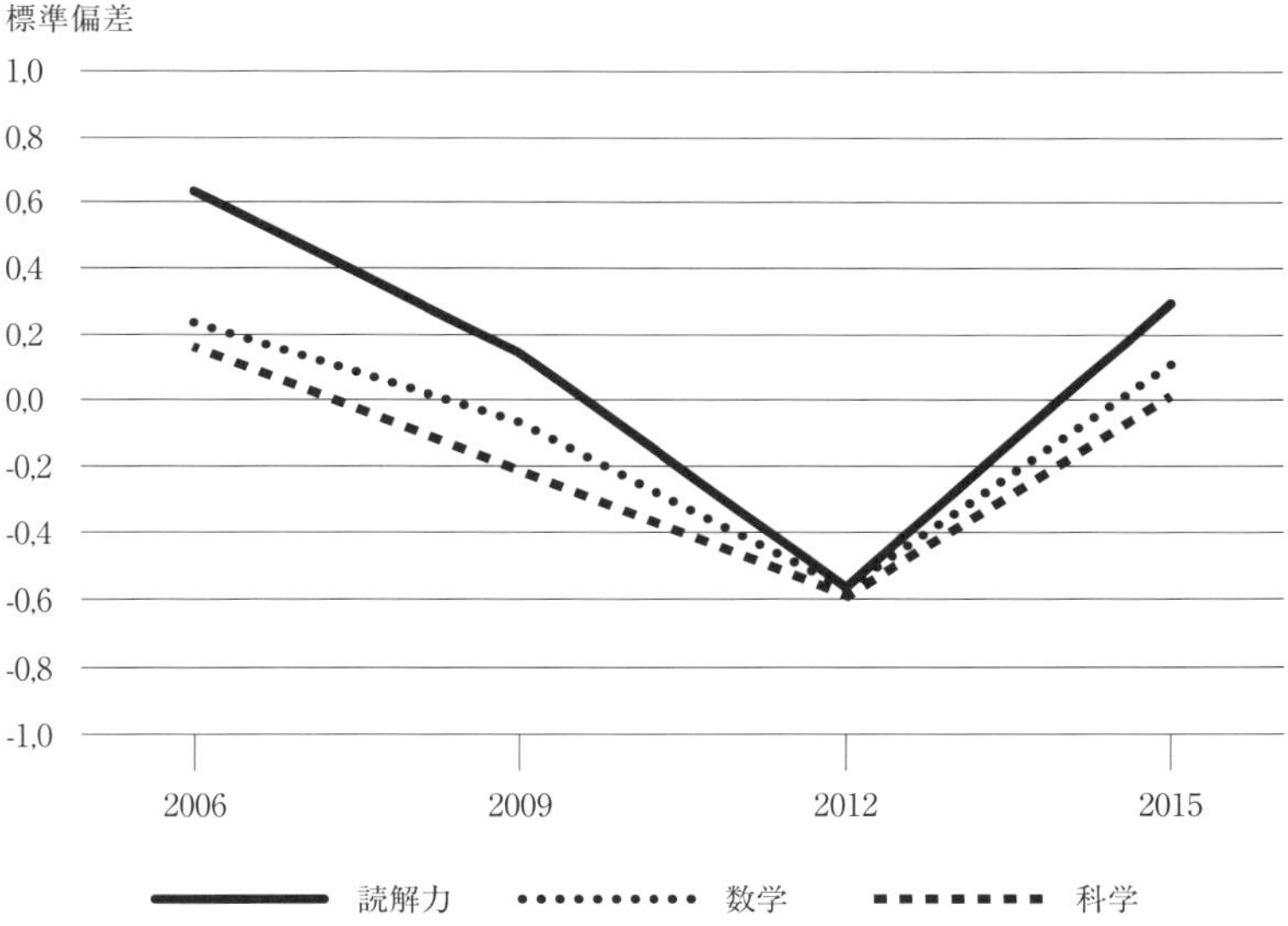

参加した33カ国のOECD加盟国に対するスウェーデンの相対値。2012年に急落したが2015年には回復傾向に。

資料：学校庁、Skolverket（2014）*PISA 2015 15-åringars kunskaper i naturvetenskap, läsförståelse och matematik.*

を熟読したり、質問の意図を理解して正しく答えることが意外に苦手な生徒が多いことも事実です。そもそもスウェーデンの生徒たちは、「テスト」という形式に慣れていません。テストにはある程度形式があり、日本では受験対策としてそのノウハウを身につけますが、テストそのものに慣れていないと何を答えてよいのか分かりませんし、時間配分の感覚もつかめないのです。ナショナルテストの試験監督をしていると、こんなに長い難しい文章を読むのはこのテストのときぐらいだと言う生徒や、問題の意味が分からなくて何度も質問する生徒が必ずいます。

残る格差問題

トゥンバ高校では、「言語発達」というプロジェクトに一〇年以上取り組んできました。生徒のスウェーデン語の読解力や理解力を高めるための校内研修で、全ての教科の教師が参加します。デジタル教育、特別支援教育の研修と並んで、教員研修の重要な課題になっています。言語能力は、どの教科においても、高校卒業資格や大学出願資格を取得するための重要なキーとなるからです。言語能力の重要性は、職業教育プログラムに関しても同様です。そのため、教科やプログラムの枠を超えて、共同プロジェクトを試みています。

数学力の向上には学校庁のプロジェクトの一環で、数学教師が共同で、教授法の校内・校外研修に取り組んでいます。PISAで上位にくるシンガポールの数学教育に学ぶ、というテーマで勉強会をもったこともあります。

スウェーデンでは数学の授業も個人のペースで進める形態が多いので、全体授業で共通の例題を一緒に考える日本の授業形式に関心を示す教師もいます。日本の数学の授業を観察したいという問い合わせを受けることも、時折あります。

私自身は、母語教師として市の数学のプロジェクトに参加したことがあります。移民の背景をもつ生徒の多くが、数学を苦手としているという調査結果がありました。そこで母語教育に関わる全ての教師が、基礎学校で学習する算数や数学の内容を、母語でサポートするという内容でした。幸い私の日本語の生徒は算数や数学が得意な生徒が多かったのですが、母語教育の時間に、算数や数学の文章題や証明問題を教えたこともあります。

二〇一五年のPISAで、スウェーデンは三分野ともに上向きのポジティブな結果が出たことは、教育の現場でも胸をなでおろす感がありました。テストの方法がデジタル方式になったことも、その結果によい影響を与えているのかもしれません。

一方で、PISAの一つの指標である社会経済的な格差は改善されておらず、この点はスウェーデンの大きな課題になっています。なお近年、移民の数が激増したことによる影響は、まだ確認されていないとのことです。[5]

クラス全員にバイオリンのレッスン

スウェーデンには基礎学校や高校の普通の授業とは別に、市が運営する文化学校や音楽学校があります。生徒たちは、希望すれば楽器の個人レッスンを受けたり、オーケストラやアンサンブル、合唱、演劇などの余暇活動に参加する機会があります。

トゥンバ高校があるボートシルカ市の文化学校は、比較的安い受講料でレッスンが受けられるようになっています。例えば、楽器の個人レッスン（二〇分）が半年で三五〇クローナ（約五〇〇〇円）、楽器のレンタル料金は半年で二〇〇クローナ（約三〇〇〇円）です。音楽や演劇の上級者コースでも半年で七五〇クローナ（約一一〇〇〇円）です。

授業は音大などで専門の教育を受けた音楽講師が、放課後の時間に地域の学校に出張するか、生徒が文化学校に通ってくる形で行われています。コンサートや発表会は、教会や大きなホール、集会ができるスペースなどで学期に一度は行われます。場所代や参加費は無料です。

文化学校の中には、より多くの子どもたちに関心をもってもらうために、例えば、午前中、基礎学校の低学年のクラスに先生を派遣して、クラス全員にバイオリンなど楽器のレッスンをするプロジェクトを行っているところもあります。楽器のレッスンは、日本に比べてあまりメジャーではないスウェーデンにおいて、このようなプロジェクトは非常に有意義なことです。また、最近では文化学校でも特別支援を行い、幅広く文化教育を浸透させる方針が出されています。

トゥンバ高校の場合、同じ校舎に文化学校の本部と教室があり、協力体制が構築しやすくなっています。早朝や放課後に文化学校の授業が無償で受けられ、文化学校での楽器や合唱、ダンスや舞台芸術コースが、高校の単位として認定されるシステムになっています。さらに市民センターのホール（三五〇席）が同じ建物の中にあり、予定が入っていない時間帯は教育活動に無料で使用することができます。

学校とクラブスポーツの協力体制も、積極的に行われています。そもそも体育館、陸上競技場、プール、アイスリンクなどのスポーツ施設の多くは学校の所有物ではなく、市の管理するスポーツ施設で学校とクラブスポーツが共用しています。トゥンバ高校の場合、体育館（武道場を含む）サッカー場、アイスリンクなどが隣接しており、昼間は近隣の学校と共用で体育の授業で使っていますが、放課後や休日は地域のスポーツクラブが使用しています。相互の協力により、トゥンバ高校にはハンドボールやフロアボール、アイスホッケーやフィギュアスケートなど、エリートスポーツのトレーニングと高校課程の両立を支援するスポーツプログラムがあります。

進む多文化化

スウェーデンの学校は、スウェーデン社会の縮図と述べました。九〇年代に比べて移民の数が増えて、スウェーデン社会がますます多文化になりました。同様に、学校にもいち早く多文化の傾向が出てきています。

私自身も、この国では移民の一人です。国際結婚で移住しても、戦争や虐待を逃れて難民として移住しても、同じカテゴリーに入ることに違和感を覚えたこともあります。しかし、母語教師として世界の様々な言語の母語教師との付き合いや、多文化の学校での経験を通して、スウェーデン社会が目指す寛容と連帯感のようなものが、自分の中にも自然と浸透しているような気がしています。

生徒に限らず、移民、難民の背景をもつ教師も増えました。トゥンバ高校やボートシルカ市も様々な背景の職員を積極的に雇用し、様々なポストに任用する努力をしています。移民の割合が非常に多い市の基礎学校の中には、純粋にスウェーデン人の生徒がクラスに一人いるかどうか、というくらい、多文化化した学校があります。

移民が多い学校には、以前からニューカマー（スウェーデンでは移住四年未満としている）を対象にした準備クラスがありました。通常、ニューカマーの生徒はこうした準備クラスに一年ないし二年在籍してスウェーデン語を学んだ上で、普通のクラスに編入します。スウェーデン語での学習が困難なうちは、母語教師による学習指導を受けることもできます。普通クラスに編入した場合も、第二言語としてのスウェーデン語コースを選択できます。しかし、逆に移民が少ない地域では、準備クラスや第二言語としてのスウェーデン語の授業がない学校もあります。最近では学校メッセや職員研修の一環で、ニューカマーの教育がテーマとして取り上げられるようになっています。

二〇一五年頃からの膨大な数の移民の受け入れは、スウェーデンでも大きな議論となっています。ボートシルカ市は以前から移民が多く、準備クラスや第二言語としてのスウェーデン語コースがすでに存在していました。そのため、変革への動揺が少なかった方と言えます。トゥンバ高校でも新たに言語イントロダクションコースを開設しました。それでも、スウェーデン語を教える教師の不足によって準備クラスに在籍する期間が短くなり、十分なスウェーデン語が身につかないまま普通クラスに編入し、高校に進学する生徒が急激に増えたように感じています。高校出願者のリストに目を通すと、難民認定申請中の生徒もかなり多くいます。

高校は、基礎学校に比べて生徒の通学範囲が広がり、近隣の自治体からの通学者が増える分、

上＊筆者が担任したクラスの卒業生たち。スウェーデンの卒業式では一般的に女子生徒たちは白色の服で出席する。トルコ出身でイスラム教徒の卒業生（左から2番目）も白色の素敵な装い。左端が筆者。**中＊**右端はイラク出身の卒業生の民族衣装。このような多様性は多文化のトゥンバ高校ならでは。**下＊**手前の生徒はダーラナ地方の民族衣装を着て参加。

基礎学校ほど移民の生徒が特定の学校に集中するということはありません。それでも、トゥンバ高校は教師も生徒も非常に国際色豊かです。現在、三四カ国語の母語授業が行われています。ラマダンの時期になるとランチのカフェテリアの込み具合が激減しますし、卒業式には自分の出身国やルーツのある国の旗を持って参加する生徒も多いため、各国の国旗が翻ります。

宗教、給食メニューも多文化

宗教も多様です。私の担任クラスにはキリスト教、ユダヤ教、イスラム教、ヒンドゥー教と、世界の大宗教を信仰する生徒が混在しています。学校向けに、各宗教の祝日などが記載された多文化カレンダーまで制作されています。

スウェーデンはプロテスタントの国とされていますが、多くのスウェーデン人は信仰心があまり強くありません。クリスマスやイースターのような年中行事を除いては、普段の生活の中に、宗教の影響を見てとることは多くありません。

学校では、食事制限があるイスラム教徒の生徒のために、ブッフェ形式の給食には「豚肉使用」の表示があり、他の選択肢や、ベジタリアン向けのメニューが豊富です。学校給食の調理スタッフの構成も多文化で、日替わりでメニュー担当が代わるので、多国籍メニューがいつも並んでいるのがトゥンバ高校の特徴です。

スウェーデンの学校は、服装や髪型も自由です。服装に制限があるイスラム教徒の生徒もいますが、特に問題はありません。大学や病院などで、決まった時間にお祈りをするイスラム教徒の人たちを目撃したことはありますが、高校ではお祈りの場所が欲しいといったリクエストは今のところ受けていません。同じ宗教の人が集まるサークルのようなものを結成している学校もあります。

スウェーデンでは、移民に対してスウェーデンの文化を強制したり、移民を同一化しようとはしません。多文化の学校に勤務しているとなおのこと、スウェーデン以外の文化に対しても寛容になり、理解しようと努力するようになります。しかし、移民の背景をもつ生徒たちの中にはスウェーデンの伝統文化をあまり知らない生徒もいて、残念に思うことがあります。スウェーデン人の若者の多くも、どちらかと言うと自国の伝統文化より、グローバルな文化に関心をもっているように見えます。

マルチリンガル教育

スウェーデン語以外の母語が第一言語、あるいはスウェーデン語以外の言語を家庭で使っている生徒には、継承語としての少数言語や母語教育を受ける機会が保障されています[6]。本来、各家庭で行われる継承語の教育を、市が無償で行うこの制度は、ヨーロッパでもスウェーデン特有のものです。

とは言え日本語のような少数派の場合、同一市内で一定の生徒数が集まらなければ開講されないこともありますし、途中で母語教育の継続が難しくなった市もあります。

スウェーデンが継承語教育や二言語教育、多言語教育に非常に積極的なのは、そうした言語教育がバイリンガルやマルチリンガルを増やし、ポジティブな形で社会に還元されるという考えに根ざしています。個人レベルでは、子どもの多文化アイデンティティの確立を促し、親子のコミュニケーション、学業にもポジティブな影響があることが期待されています。

スウェーデンの母語教育は、一九六〇年代の終わりに、フィンランドからの移民のための二言語教育から始まりました。移民者数の増大に伴って言語数が増えましたが、今でもスウェーデン語以外の母語を話す人の数では、フィンランド語が多いです。続いてアラビア語、セルボクロアチア語、クルド語となっています。[7] 時代によって移民の出身国の割合も、母語話者数も変化しています。

私が勤務するボートシルカ市では、六七カ国語の母語教育の授業が行われています。授業開始年齢は、現在は就学前学校に通う四歳児からですが、以前は二歳、三歳児からだったこともありました。ボートシルカ市は移民が多く、早い時期からの母語教育が重要と考えられているからで、多くの市では、母語教育は基礎学校から行われています。

性的マイノリティーの生徒への配慮

スウェーデンは性教育にも先進的です。基礎学校の低学年から身体や性をテーマにした授業がありますし、高学年や高校では、学校の生徒健康ケアチームと連携して、青少年クリニックの職員が学校に出向いて身体、性、健康や人間関係に関わる啓蒙活動をすることもあります。

社会がそうであるのと同様、学校も様々な個性や特性をもつ個人の集合体です。心と体の性が一致しない性同一性障害の生徒も当然います。高校に入学する年齢前に医療機関や青少年精神医療センター（ＢＵＰ）の診断を受けている生徒の場合は、入学時に今後の特別な配慮を検討します。

全ては本人や保護者の希望を聞いて、個々に検討されます。例えば氏名について、住民登録やパスポートは女子として登録されているけれども、アイデンティティは男子で、学校でも男子名で呼ばれたい、またはその逆のケースがあります。性的にニュートラルなアイデンティティをもつ人や、様々なタイプの人がいます。スウェーデンではマイナンバー制度が浸透しているため、学校で使われる正式な生徒名簿は、住民登録されている氏名がそのまま反映されます。正式名簿は、住民登録名が変更されない限り変えられませんが、他の生徒の目に触れる可能性のあるメールリストや、生徒リストの名前を本人の希望する名前に変更することができます。全ての科目の授業で、担当教師から希望する名前で呼ばれるよう事前申し合わせをするといった配慮もします。

スウェーデンの学校の場合、制服もなく、男女別に授業を受けることもありません。トイレも共用が多いため、強いて言えば、体育の授業の前後の着替えやシャワーをクリアできれば、生徒の精神的な苦痛や負担が軽減されます。たいてい複数の更衣室やシャワーがあるので、その使用を認めるなどの対応をしています。

学年の変わり目や学期の途中で、仲間内やクラスで突然カミングアウトする生徒もいます。他の生徒たちの反応も含めて、当事者生徒が学校で差別されたり、いじめの対象になったり、嫌な思いをしないように、個々のケースに応じて本人や保護者との話し合いを持ち、学校の生徒健康ケアチームの職員と協力して、生活・学習環境に配慮をしていきます。トゥンバ高校にはＬＧＢ

ＴＱクラブが発足しており、同じような立場の生徒が集まり交流を深める機会や、地域の青少年クリニックが本校に出張し、相談室を設ける機会がそれぞれ週一回あります。

全般にスウェーデンでは、「一人ひとりが異なる」という観点からお互いを尊重するように学校で指導されています。そのため仲間内やホームクラス内では、表立ったトラブルは少ないです。しかし、学校行事などで、普段一緒に活動することがないクラスの生徒たちから差別的な言葉をかけられるといったトラブルは、時々起こります。トラブルはその都度、取り上げて話し合い、管理職や生徒健康ケアチームの協力を得て、解決していきます。

生徒の心身の健康ケア対策

先述のようにスウェーデンの学校には、生徒の心身の健康ケアと、社会、経済的なサポートに関わるチームがあります。たいてい学校看護士、社会福祉士、学校カウンセラー、学校医でなるチームです。学校看護士、社会福祉士は学校の規模や予算で配置人数や雇用条件に差がありますが、私の勤務校には二名ずつ、フルタイムで雇用されています。学校カウンセラーや学校医は、地域の複数校の兼任です。

生徒健康ケアチームは学校長、あるいは管理職チームの直下にあります。生徒の心身のケア、社会経済的な相談に応じている他、担任、教科担任教諭、特別指導教諭と連携して生徒の支援をしています。ただし、教職員と全ての生徒情報が共有されるわけではなく、生徒本人や保護者の希望により、担任や教科担任教諭には知らされない情報も保持していますし、中立の立場で生徒の相談に応じます。

スウェーデンの学校はのびのびとしていて、生徒のいじめや不登校、心の病などの問題が少ないイメージがあるかもしれません。しかし、実際には不登校や心の悩みをもつ生徒の数が多く、現場では大きな課題となっています（図表３‐３）。社会経済的に困難の多い地域の生徒のほうが心身の不健康にも陥りやすく、それが学業成績にも影響することは統計調査などで分かっていることですが、そういった問題のない家庭でも、また学業に問題がなくても、心の病をもつ若者が増えています。

もちろん、思春期特有の悩みもありますし、家庭環境に起因する悩みもあります。しかし、近年ますます国際化が進み、国際レベルの学力が求められることや、高等教育を受ける人が増えていること、それに伴い学校で習得すべき知識や技能への要求が高まってきていることなどが、生徒のストレスの大きな一因になっていると思われます。

二〇一一年の高校改革に伴い、ボローニャ・プロセス（欧州高等教育圏形成の一連の改革）の影響もあり、成績も四段階から六段階評価に変わりました。言語教育においては、欧州言語共通参照枠（欧州内における言語能力の共通指標）が、スウェーデンの高校でも遅ればせながら意識されるようになりました。新学習指導要領ではこれまでにも増して各教科の知識目標が明確に記され、それに到達するための要求度が高くなっています。中でもデジタル能力を高めること、情報収集、情報選択、批判的思考能力を高めることが重要視されています。

褒められて自信満々に幼少期を過ごしてきた子どもたちも、思春期になると自分に自信がなく

図表 3-3　直近6カ月間で週1回以上、2つ以上の心身の不調を感じた10代の割合（1985～2014）

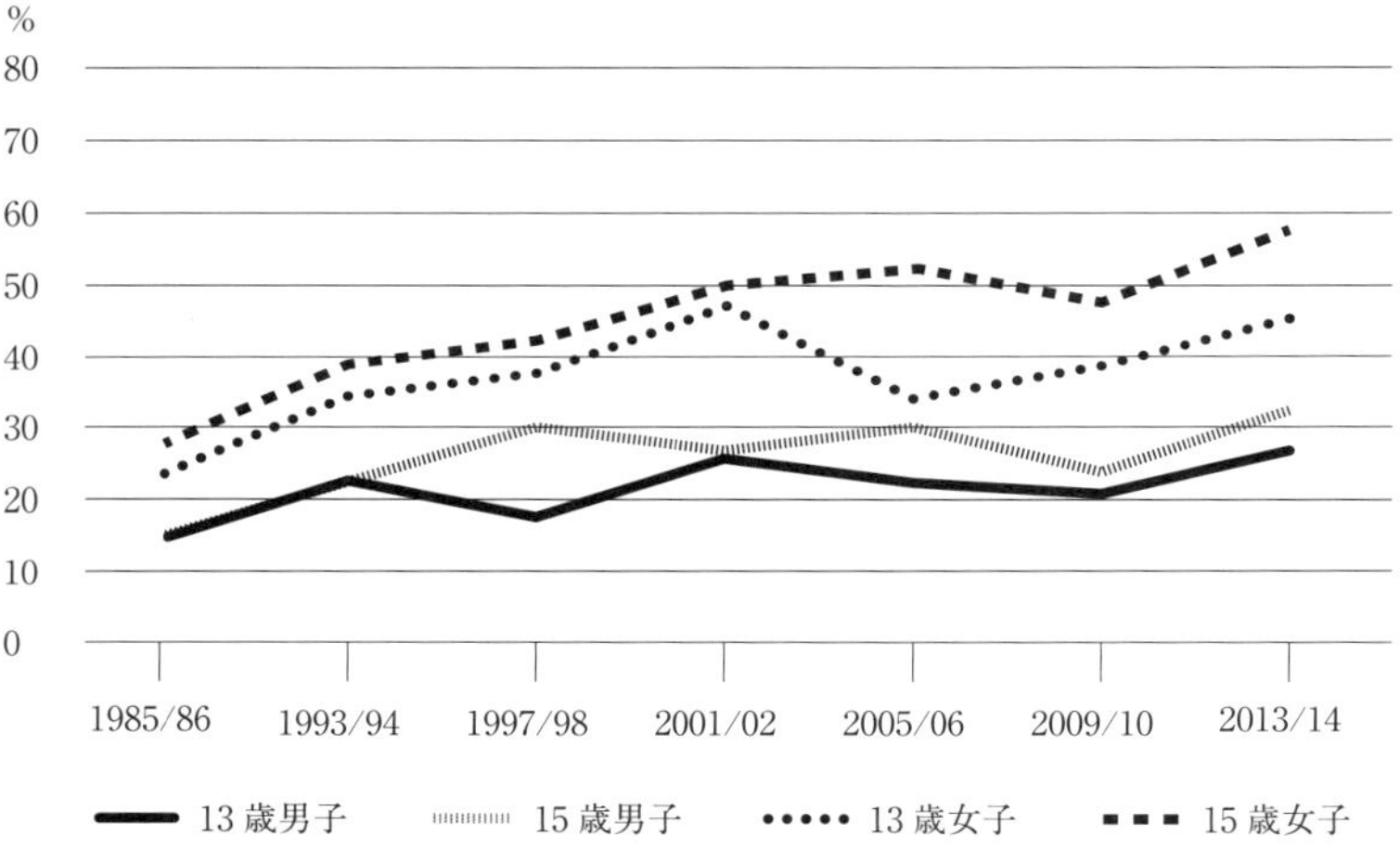

心身の不調とは睡眠障害、心の落ち込み、いらいら、怒り、神経過敏、腹痛、頭痛、肩や背中の痛み、めまいなど。

資料：国民健康庁、Folkhälsomyndigheten（2016）*Skolprestationer, skolstress och psykisk ohälsa bland tonåringar.*

なったり、強い不安やパニックに襲われたり、摂食障害、うつを発症する生徒もいます。また様々な発達障害、学習障害に伴う相談、家族関係や家庭経済、人間関係、アイデンティティに関わる相談が寄せられます。そうしたケースでは、生徒健康ケアチームとの連携が、効果的な解決手段となっています。

５　インクルーシブの実態

ＩＣＴで個人支援

スウェーデンの教育の特徴の一つとして、個人を尊重し、支援する教育があげられます。中でも近年、教育現場で力を入れているのはデジタル技術を利用した様々な個人支援です。

ボートシルカ市では、基礎学校の高学年から全生徒にノートパソコンかタブレットを貸与しています。市で共通のウェブプラットフォームのサイトがあり、出欠の管理、学校からのお知らせ、各担当教師からの連絡、宿題やテスト情報、課題提出や添削、結果、継続的な評価、フィードバックなどがデジタルでできます。以前は紙ベースで配布していた情報が全てデジタルで保存され、非常に便利なシステムです。

このサイトには生徒、保護者、教師が遠隔アクセスでき、このシステムによって明確な指示やスケジュール管理などの特別支援も可能です。授業の記録やプレゼンテーションなどのファイルも保存されるので、生徒は授業を欠席した場合も、授業内容を知り、自宅で学習することができます。教師間の連絡や情報交換、情報共有、生徒や保護者とのコミュニケーションも可能です。ノートパソコンやタブレット、携帯電話の導入で、音声教材や補助教材、動画を授業で使いやすくなり、反転授業などの試みも盛んになり、様々なアプリを用いた授業や課題が実施されています。最近では各教科の記述式の試験やナショナルテストなども、コンピュータを使ってデジタル式に解答できるようになっています。トゥンバ高校は教室への電子黒板の導入も早く、授業の板書も即時デジタル化できるようになっています。

障害も個性のうち

かつては高校は義務教育ではないので、授業の質が保証されていれば、目標に到達できるかどうかは生徒の能力と努力次第という考え方がありました。しかし、二〇一一年の学習指導要領では、生徒が知識・技能目標に到達するのが困難な場合、その理由を分析し、個々の生徒に合った支援方法を段階的に提案し、実施するのが学校の義務であることが強調されています。

トゥンバ高校では入学時にスウェーデン語、英語、数学の各教科の特別指導教諭がスキャニングを実施します。そして生徒が自己申請する内容と照らし合わせ、教科担当や担任に個人支援が必要かどうかの説明と提案をします。また特別支援教諭は週に一回、放課後に支援が必要な生徒の相談時間を設けているほか、担任が行う生徒、保護者との面談にも、必要に応じて参加し助言を行うことがあります。

個人支援を必要とする生徒の多くは、たいてい高校生になる前にディスレクシア（読字障害）

やディスカリキュリア（算数障害）などの学習障害や、ＡＤＨＤやＡＤＤ、アスペルガー症候群など何らかの発達障害の診断を受けています。基礎学校で、すでに少人数グループの授業や個人指導を経験してきた生徒が大半ですが、稀に、高校在学中に診断を受ける生徒もいます。同じ診断名であっても、生徒によってニーズが異なり支援方法は様々です。

一般的にスウェーデンの学校では、このような診断名をもつことは、周りの理解を得る上でも特別な支援や配慮を受ける上でも、その生徒にポジティブに働くことが多いと認識されています。トゥンバ高校の場合、近年、特別支援教育の経験や職員研修プロジェクトを通じて、発達障害や学習障害への理解や認知度が高まりました。もちろん全ての生徒がそうではありませんが、教師に対して生徒本人がそれを恥ずかしいと感じたり、隠したりしない傾向が見られます。

ディスレクシアは多くの場合、基礎学校の初期の段階で診断されます。ＡＤＨＤも特に多動や衝動的行為は、低学年や思春期の基礎学校のほうが学校での問題も大きく、アシスタントを配置したり、ストレスボールやクッションなどの小道具、視覚的に時間を把握できるタイマー式時計などの援助器具を教室に導入したり、クラスの教室に繋がるグループルームと呼ばれる小部屋を個人指導や特別支援のためのスペースとして使っているところも多いです。高校では少し落ち着いてくる傾向があり、本人から言われるまで気づかないケースもあります。現在では診断のあるなしにかかわらず、グレーゾーンの生徒や学習の目標に到達していない生徒全員を対象に、特別支援を行う考え方が一般的です。またスウェーデンに来て日が浅く、スウェーデン語に自信がない生徒にも、同様の支援が役立つことが多いです。

例えば、授業や課題の説明は分かりやすく行い、必ず文書化してデジタル化した情報をウェブサイトにアップデートする、教科書や文書の音声教材があれば利用する、ノートパソコンやタブレット、携帯電話を使った板書やメモを認める、個々の学習計画についての助言やリマインド、試験時間の延長、試験内容や試験方法の考慮、課題の期限の延長や内容考慮などの特別支援を、日常的に行っています。

インクルーシブなのか？

スウェーデンでは重度の言語障害、聴覚障害、聴覚視覚障害などの重複障害を除いては、地域の学校に通学します。（図表3－4）そこで、それぞれに必要な特別支援教育を受けるケースが多いです。

国立特別支援学校は全国に八つあります。例えばストックホルムにある国立聴覚特別支援学校は、伝統的には手話を第一言語とする聴覚障害の子どもが通っていました。現在は人工内耳の普及により、ある程度の聴力があり、手話以外の言語の発達を望む生徒は、普通校に通学する傾向が顕著です。そのため、この学校ではスウェーデン語と手話の二言語教育に力を入れていますが、複数の障害をもつ生徒や、移民背景で聴覚障害がある生徒の割合が増えてきたように見えます。

公立の基礎学校に聴覚特別支援クラスを併設する学校もありますが、全ての市に聴覚特別支援クラスがあるわけではありません。ストックホルム圏内には聴覚障害を含めて、特定の障害児グループを対象にした私立学校も幾つかできています。障害をもつ子どもの親がイニシアチブを

図表 3-4　障害をもつ生徒が通う学校の選択肢（例）

	聴覚障害	知的障害	左記以外の障害
基礎学校 （小中学校）	国立聴覚特別支援基礎学校 （全国５カ所、10年制） 公立基礎学校の 聴覚特別支援クラス 私立校	特別支援基礎学校 トレーニング学校 （公立校に併設、10年制） 私立校（10年制）	地域の学校 公立校 私立校
高校	国立聴覚特別支援高校 （4年制）	特別支援高校 （4年制）	同上

その他、重度の言語障害、聴覚視覚障害、視覚障害と重複障害の国立特別支援基礎学校、地方別に国立肢体不自由特別支援高校がある。

図表 3-5　視覚障害の生徒のための特別支援（例）

視覚障害（弱視）の生徒への支援内容（例）
筆記台、拡大鏡、特別仕様のコンピューター
文字が拡大できるデジタル教材
フォントを希望の大きさに拡大した印刷物
音声教材の併用（教科書・読み物）
光を考慮したホーム教室の手配と座席指定
ホワイトボードには黒の太いペンを使用 （色盲への配慮）
試験時間の延長
授業で使用する教材を事前にデジタルで配信

とって創立した私立学校も複数あります。

各市には、校内に特別支援基礎学校がある公立校があります。知的障害児のための特別支援学校、またはトレーニング学校と呼ばれています。

知的障害の特別支援基礎学校は、ＩＱ七〇以下の知的発達障害があり、普通の基礎学校の学習指導要領の目指す教育目標に到達できない児童生徒のための学校です。特別支援学校の学習指導要領に従い、個人のもっている能力を前提にした個人発達プラン（ＩＵＰ）を立てて、授業が行われています。トレーニング学校では、生活トレーニングに重点を置いた教育が行われます。

特別支援基礎学校は一〇年制で、高校にも四年制の特別支援高校があります。公立校に併設されているという意味では統合されています。特別支援学校の生徒は、同じ校内にある教室で授業を受け、普通クラスと同じ施設を利用します。休み時間には同じ校庭で遊び、学校行事や学童保育の活動に、普通クラスの生徒と一緒に参加することもあります。しかし、私の勤務した特別支援基礎学校では、通級（普通学級に在籍しながら特別支援を受けること）はありませんでした。成績がつかない五年生までは、保護者や本人の希望で、グレーゾーンの児童が普通クラスに在籍している可能性はありますし、校長が認めれば、普通学級に在籍の生徒が特別支援基礎学校の授業を受けることはできます。ただし、その場合にも通常学級の学習指導要領とその評価基準で評価をすることになります。

それ以外の障害をもつ生徒は、普通の基礎学校、高校でインクルーシブ教育を受けています。例えば、車椅子での移動が必要な生徒は、学校タクシーサービスを利用して登校しています。

費用は、生徒の居住地域の市が負担します。スウェーデンの学校はバリアフリーを考慮して作られているので、スロープや自動開閉できるドアはたいていついていますが、二階以上への移動の場合はエレベーターを使ったり、移動が少なくて済むように教室配置を整備しています。必要な設備がない場合は、生徒が入学したときに整備します。医療ケアや補助が必要な場合は、アシスタントを伴うこともできます。費用は全て市が認可し、負担します。

視覚特別支援学校がない

視覚障害の生徒の場合、トゥンバ高校では弱視の生徒がいますが、特別支援の内容は個人の必要に応じたものです。例えば、**図表３‐５**のような点に配慮します。

このような個人のニーズに応じた教室・学習環境の整備には、保護者のみならず、特別支援教育庁から専門家が学校を訪問して、教室整備や個人支援のための助言を行います。多くの場合、入学時に保護者や本人からも情報を収集して対応します。生徒も教師も慣れるまでは対応に戸惑うこともありますが、慣れてくると特別支援のコツを心得てきます。

二〇一七年、トゥンバ高校の視覚障害の生徒が日本研修に参加し、東京の視覚特別支援校高等部に体験通学しました。そのとき、日本の生徒から、「なぜスウェーデンには視覚特別支援学校がないのですか」という率直な質問がありました。

かつてはスウェーデンにも、視覚特別支援学校がありました。五〇～六〇年代から視覚障害の生徒が普通の学校に通学するようになり、一九八六年、視覚特別支援学校は閉鎖されました。その結果、生徒は居住地域の学校に通学し、高校も自由に選択できます。それぞれの学校で、その生徒に合った学習環境が作られています。ただし、先述のように視覚障害と知的障害や聴覚障害などを重複して持つ生徒のための国立特別支援学校はあります。

トゥンバ高校には、聴覚障害で人工内耳装用の生徒がほぼ同時期に二人在籍していたことがありました。常に、生徒一人につき手話通訳二名が教室に入った他、ノートをとるアシスタントのサービスも利用しました。補聴器使用の聴覚障害の生徒にも、ホーム教室を設けました。専用マイクを使い、教師の声が補聴器に直接届く聴覚技術システムを導入した他、座席を最前列にする配慮をしました。

自閉症スペクトラムの支援クラス

トゥンバ高校には自閉症スペクトラムの生徒のためのAST特別支援クラスがあります。二〇一七年度は四三名が在籍し、特別支援教諭を含む一〇名の教員が支援チームに所属していました。高機能性自閉症、またはアスペルガー症候群の診断を受けた生徒のためのクラスで、プログラムは自由に選択でき、大半の授業は個人または小グループで学習しています。

同じ診断を受けていても、普通のクラスを志願する生徒も多くいます。定員三〇人ほどの普通クラスで授業を受けてクラスメートと交流するか、少人数または個人ベースの学習生活環境を求めるか、どちらを選ぶかが判断のポイントです。

普通クラスを志願した場合でも、同じ学校内に特別支援クラスがあることが、生徒や保護者にとっては安心材料になっているようです。ＡＳＴ特別支援クラスの在籍を経て、普通クラスに編入する生徒もいますし、ＡＳＴ特別支援クラスに在籍しながら、一部の授業のみ普通クラスに通級するケースもあります。このクラスでは、本人の希望と能力、ニーズに合わせて、個々に合った形態で授業が受けられるようコーディネートしています。学習プランも三年から四年に延長することが可能で、柔軟性のあるプログラムになっています。生徒が普通クラスに在籍する場合も、先述のように生徒健康ケアチームや特別支援教諭と協力し、時には本人の希望で必要に応じて個人指導などの特別支援をすることもあり、インクルーシブとは何かという議論があります。

この自閉症スペクトラムの生徒のための特別支援クラスは、ボートシルカ市の場合、トゥンバ高校に併設されていますが、生徒たちは複数の周辺の市からも通学してきます。その費用は住民登録をしている市が負担します。

教師の立場から

教師の立場からスウェーデンの学校と日本の学校を比べてみると、スウェーデンでは労働者の権利が守られ、職務や責任の範囲が明確な分、働きやすいと感じることが多いです。病気欠勤をするにも、育児休暇を取るときも、男女ともに取りやすい環境があります。時には生徒の利益より、教師という労働者の権利が優先されていると感じることさえありますが、スウェーデンでは社会全般に、個人や家族の事情を優先することに寛大で理解がありますので、学校でも特に大きな問題にはなりません。

学校庁の学習指導要領の冒頭に民主主義が掲げられていることを紹介しましたが、職場でも同じように、民主主義の原則があります。ですから自分の思っていることを表明しやすく、意見が異なることで、わだかまりが残ることもありません。様々な案件で、同僚たちと活発に意見交換や議論がされていますし、そのことで仲間として打ち解けることができるように感じます。年功や経験による序列もありません。若くて経験が少ない人も、新しいアイディアを実現しやすい環境で、若い人も積極的に要職に抜擢されます。性別や年齢、人種、信仰、移民背景などを理由に差別されることはない環境が整っています。

授業日数は最低一七八日（日本は二〇〇日）で、土日出勤は基本的にありません。夏休みを二カ月近く取れるのは教員という職種の特権で、子育てや家庭との両立がしやすいと考える同僚が多いです。企業ほど戦略的なキャリア計画を練る必要はありませんし、学校は常に教員が不足していますので、常勤契約があれば育休の後にも希望の職場に戻ることができます。

しかし授業日数が少ない分、学期中はかなりインテンシブに感じます。多くの教師が二科目以上の異なる科目を教えています。授業の準備や教材研究にも時間がかかりますが、それ以外の部分で仕事が増えすぎています。学習の継続的な評価、様々な会議、職員研修、生徒や保護者との面談やコミュニケーション、生徒の特別支援のためにかかる時間が膨大な上、あらゆる作業に文書化が義務付けられているからです。スウェーデンでは学校で教師個人に任される部分が大きい分、どんな計画をして何をしたのか、誰と何を話し合って決めたのかなど、上司や同僚に分かるように文書化して残さなければなりません。継続的に生徒の目標到達度を評価し文書化する作業も毎学期あります。

スウェーデンでは教師の給与はあまり高くなく、ステータスが低い職業とみなされることがあります。教師の地位を高め、魅力ある職業にするために、第一教諭という名のキャリア職を導入したり、教員の給与向上のためのプロジェクトを国が行ったりしていますが、それにより現場では若干の混乱もあります。管理職以外は横並びだった雇用関係に、変化があったからです。第一教諭のポストや給与の向上を求めて、学期中に転職する教員も出てきています。

二〇一五年に教員免許状制度の完全実施が目指されましたが、学校によっては教員不足により、教員免許状を持たない教師の割合が増えています。学校差や地域差をなくすためには、どの学校も有資格の教諭を確保し、学校教育の質を向上させなくてはいけません。国は様々な政策で学校改革を行ってきましたが、まだまだ多くの課題があります。

長期的な展望のもと、教員養成や現職教育の充実、給与を含めた教員のステータスの向上、学校としてより効率よく機能する組織作り、そのための予算の確保などが必要です。

インクルーシブ教育とは何か？

スウェーデンでは一九八〇年代から、「みんなの学校」を掲げて様々な改革を行い、インクルーシブ教育に取り組んできたことは、冒頭でもふれました。地域の学校にみんなが通えることを目指して、インテグレーション（統合）という意味ではほぼ達成していると言ってよいと思います。

しかし、それは本文でも述べたように、同じ学校の校舎にみんなが集まっているだけで、例えば、重度の知的障害のある子どもが普通クラスで一緒に授業を受けるという意味ではありません。クラスには様々な学習・発達障害をもつ生徒、視覚障害や聴覚障害の生徒、肢体不自由の生徒などが混在しています。特に、学習障害や発達障害の生徒の数は増加しており、教職員全体の特別支援教育を研修課題とする学校も増えてきました。そうすることで全ての生徒に有用な学習環境を整え、個人を支援することができると考えられています。従来の、少人数で特別支援の授業をするクラスを組織の上では撤廃し、インクルーシブ教育を推進していても、生徒や保護者の希望や、やむを得ない事情から、特別支援教諭のもとで個人指導や小グループでの指導を受けている生徒もいます。

「インクルーシブ教育とは一体何か?」「一緒にクラスで授業を受けないのにインクルーシブと言えるのか?」という問いかけに対して、現場ではしばしば議論が起こります。一緒に教室で勉強しなくても、同じクラスに在籍しているという社会的な観点から、インクルーシブだと考える人もいます。

このように公立学校でインクルーシブ教育を目指す一方、私立学校も特別支援に積極的に取り組むようになっています。ストックホルム近辺には、特別支援を必要とする生徒のための私立学校が、ニーズに応えて増えてきています。その背景には、公立校における特別支援には人的・経済的なリソースの上で、限界があることなどが挙げられます。学校は児童生徒一人につき補助金をもらって学校を経営しているわけですが、それをどう使うかという問題もあります。医療ケアが必要な子どもの学校、自閉症の子どもの学校、聴覚障害の子どもの学校、一人で難民としてスウェーデンに来ている子どもたちの学校など、個々の子どもの障害や事情に特化した保護者の要望にも柔軟に応えることができます。それがまたビジネスとして成り立っている現状があります。

そんな中で公立学校にも特別支援教育をプロフィールにする学校もできています。スウェーデンというのはこのように次々と新しい実験的な試みを始める国です。そのため、現場の教員も常に新しい改革の流れやシステムに適応していかねばなりません。

同じ「価値」ある教育を目指して

民主主義を原則としたスウェーデンの学校の特徴をまとめると、学校や教師側の指導プランを一方的に押し付けるのではなく、生徒の意見も聞き、意見を表明する機会を生徒に与え、可能なことであればその意見を反映させること、と私は理解しています。また学校教育自体が、経済格差をなくす努力をしていることも特徴です。

クラスの中にいろんな人がいることで、一人ひとりが違っていい、お互いに助け合う、そういう心が育っていると思います。日本であれば、できる生徒から見たら非常にゆっくりしたペースで、待っていられないという意見が出てくる場面でも、スウェーデンの生徒たちは非常に寛容だなと思うことがあります。授業自体が一斉のものではなく、到達目標が同じであっても個人支援を視野に入れた学習内容、方法、課題が与えられるので、一定のものさしで測られることがあまりないことも、お互いに理解を示したり、寛容さが育つことにつながっているのかもしれません。生徒は学校で勉強ができることだけでなく、よいクラスメートであること、リーダーシップがとれることなどが評価されます。

スウェーデンの学校は、「同等の価値がある教育」（likvärdig utbildning）を目指しています。この言葉は就学前学校、基礎学校、および高校の学習指導要領にも共通して明示されています。能力もバックグラウンドも違う全ての生徒が、その人その人にとっての価値が同等になるような教育の機会を保障される学校にしよう、という考え方です。これが「みんなの学校」です。スウェーデンには全ての学校をいい学校にしたいという理想があります。それを実現していくために、教育の現場では何ができるかが、盛んに論じられています。

その根底には、スウェーデンの社会がそうした人間像を求めていることがあります。一人ひとり違う人間を尊重し、かつ連帯感を育てる。このコンセンサスが国民に浸透していることが、スウェーデンの特徴と言ってよいでしょう。

注

（1）スウェーデンでは一九六八年から「母国語」の授業が始まった。一九九六年に「母語」と名称変更を経て、現在でも生徒の家庭でスウェーデン語以外の母語が話されていることを前提に、就学前学校、基礎学校、高校で授業が行われている。基礎学校、高校では教科の一つとして履修できる。

（2）Skolverket（2014）*Privata aktörer inom förskola och skola: En nationell kartläggning av enskilda huvudmän och ägare.*

（3）主としてハード面（建物の大きさや教室数）による理由から様々な規模の学校がある。
（4）読書力の発達レベルを三つの相に分け、二二段階の規準で評価するシステム。就学前学校、基礎学校で子どもの読書力、言語発達の到達度や目標を明確にするために積極的に取り組まれてきた。
（5）学校庁ホームページ。www.skolverket.se/regelverk/mer-om-skolans-ansvar/likvardig-utbildning-i-grundskolan-1.218790（二〇一八年一月六日参照）
（6）スウェーデンには「少数言語」として、フィンランド語、イディッシュ語、メエンキエリ語、ロマ語、サーミ語がある。手話は公用語として承認されている。学校庁のサイトによると、基礎学校の生徒の二〇・五パーセントが母語の授業を受けている（二〇一二年）。
（7）順位は二〇一二年の統計によるもの。現在はアラビア語を母語とする人がフィンランド語を追い越す勢いで増えていることが報告されている。（Dagen nyheter. 2016.5.15.）

第4章　スウェーデンの主権者教育

鈴木賢志

1　政治に関心がなくても投票に行く

八割を誇る投票率

スウェーデンの選挙において投票率が高いことはよく知られています。たとえば二〇一四年の総選挙における投票率は、八五・八パーセント。同じ年に行われた日本の衆議院議員総選挙の投票率は五二・七パーセントですから、その差は歴然です。スウェーデンでも、若者（三〇歳未満）の投票率は若干下がりますが、それでも八一・三パーセントと八割を超えています。ちなみに日本は三二・六パーセント。若者の三人に一人も投票していません。

もちろん、そこには様々な理由が考えられます。たとえばスウェーデンの国会は一つしかなく、しかも任期途中で解散することがほとんどありません。その際には、県議会と市議会の議員選挙も同時に行われます。したがってスウェーデン人は、基本的に四年に一度しか投票しません（ただし例外として、五年に一度、他のＥＵ〔欧州連合〕加盟国の日程に合わせて行われる欧州議会選挙があります）。言うなれば、スウェーデン人にとって選挙はオリンピックみたいなものです。

それに比べて日本では、国会に衆議院と参議院があり、衆議院が任期途中で解散・総選挙となることが多く、しかも都道府県知事選挙、都道府県議会選挙、市区町村長選挙、市町村議会選挙がそれらとは別々に実施されます。これは民意を頻繁に反映するという意味では良いことかもしれませんが、選挙が頻繁であるほど、個々の選挙の重みが感じられにくくなるということもありえます。

日本人は政治意識が低い？

とはいえ、スウェーデンと日本の差を選挙の頻度だけで説明することはできないでしょう。たとえ今から日本の選挙をスウェーデンと同じく四年に一度にしたとしても、それによって投票率が八割を超えるとは、ちょっと考えにくいです。

そうなると、やはり人々の政治意識の違いによるのではないか、ということになります。ただしそこで「ああ、やっぱり日本人は政治に対する関心が低いからなあ」と言ってしまうと、少し話がずれてしまいます。

というのも、世論調査の結果を見るかぎり、政治に関心を持っているという日本人の割合は、スウェーデンを含む諸外国に比べて、それほど低いわけではないからです。

たとえば二〇一四年のＩＳＳＰ（国際社会調査プログラム）[1]に「あなたは政治にどのくらい関心を持っていますか」という質問があります。これに対して、日本で「非常に関心がある」また

図表4-1　政治への関心の度合い

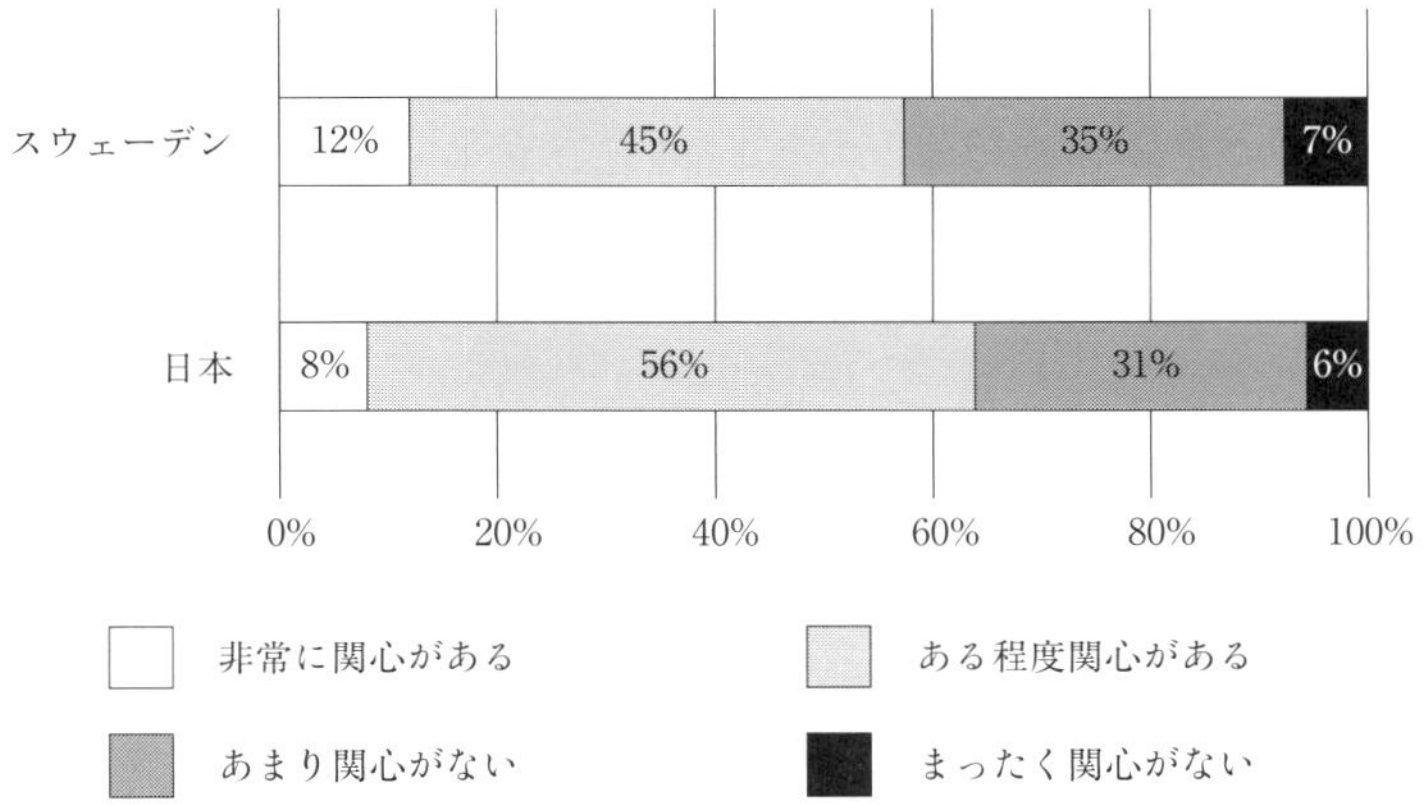

資料：ISSP 2014

は「ある程度関心がある」と答えた人の割合は六四パーセントに達しています。他方、同じ答えをしたスウェーデン人の割合は五七パーセントです（**図表4-1**）。「非常に関心がある」人の割合については、スウェーデンの方が日本よりも確かに高いのですが、「ある程度関心がある」も含めた「関心がある」人の割合は、実は日本の方が高いことがわかります。ちなみに他の多くの国際世論調査においても、ほぼ同様の結果が示されています。

　このような結果は、もしかすると日本人よりもスウェーデン人の方が「政治に対する関心」を重くとらえているからかもしれません。手持ちのデータでは、そのことを否定も肯定もできませんが、一つ明らかなのは、とらえ方がどうあれ、日本では政治に関心があるという人の割合よりも投票率が低く、スウェーデンでは政治に関心があるという人の割合よりも投票率が高いということです。つまり日本では、政治に関心があっても投票に行かない人が多く、スウェーデンでは、政治に関心がなくても投票に行く人が多いということなのです。

違いはどこに？

それでは、何がこのような日本とスウェーデンの違いを生み出すのかといえば、それは両国における主権者意識の違いにあります。これは政治に対する当事者意識と言い換えても良いかもしれません。つまり日本では、政治というのはごく一握りの人々とその取り巻きが行っているもので、自分には関係ない、あるいはどうすることもできないと考えている人が多いのですが、スウェーデンでは自分のことなので、個人的な興味のあるなしに関係なく、投票に行くのが当たり前になっている、ということです。

こうした両国の主権者意識の差は、先のＩＳＳＰの調査における「私のような一介の市民が考えていることを政府はあまり気にかけていない」とあなたは思いますか、という質問に対する回答結果からも確認することができます[2]（図表４－２）。日本ではこのような意見に同意する人の割合が六六パーセント（「そう思う」三七パーセント、「どちらかといえばそう思う」二九パーセント）と大多数ですが、その割合はスウェーデンでは三四パーセントで、「そう思わない」「どちらかといえばそう思わない」を合わせた割合の方が、四〇パーセントと高いことがわかります。

図表4-2　「私のような一介の市民が考えていることを政府はあまり気にかけていない」と思う／思わない人の割合

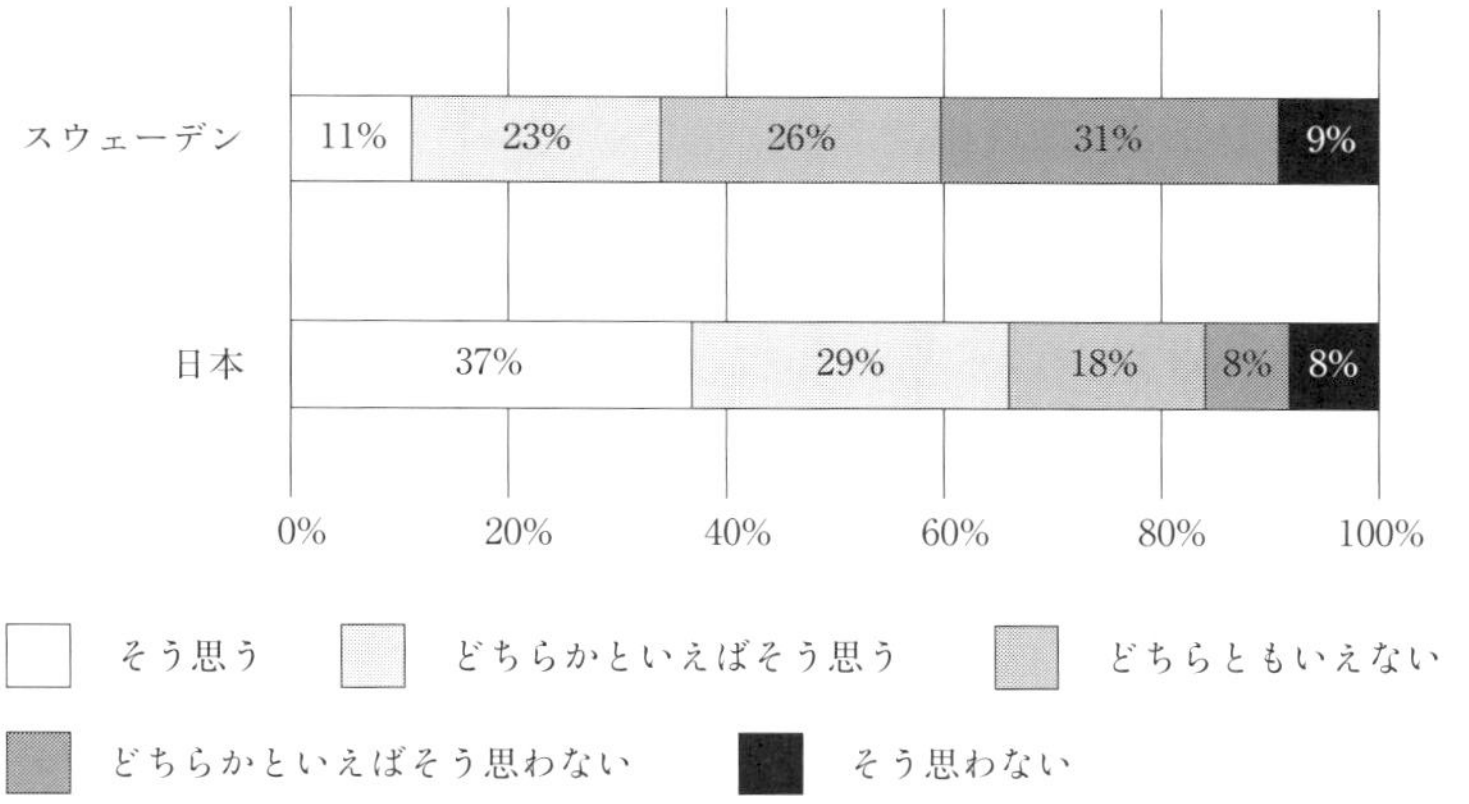

資料：ISSP 2014

カギは教育に

さて、この主権者意識の差は何によって生ずるのでしょうか。おそらく、そのカギは教育にあります（そもそもそう思っているからこそ、この本の中で論じているわけですが）。

主権者意識を育む教育、いわば主権者教育については、日本でも二〇一五年に投票年齢が二〇歳から一八歳に引き下げられた際に話題となり、最後にふれますが、二〇一八年度から順次施行される新学習指導要領においても、新たな教育内容が盛り込まれています。しかし少なくともこれまでのところ、主権者教育に対する社会の関心がそれほど高いようには思えません。

たとえばICCS（市民性教育国際調査）という国際調査があります。これは、市民としての役割に関する若者の知識や理解力を問う調査で、TIMSS（国際数学・理科教育動向調査）などの教育に関する世界的な調査を実施しているＩＥＡ（教育達成度評価国際学会）が数年に一度、世界各国の中学二年生を対象に実施しています。

その二〇一六年調査において、スウェーデンは参加二三カ国中で第三位と高い成績を収めています。他方、韓国や台湾、香港などアジアの国々も参加しているこの調査に、日本は参加すらしていません（ちなみに日本はＴＩＭＳＳには参加しています）。

まさか「民は愚かに保て」とばかりに、これまでの日本の政治家たちが、人々の主権者意識を抑え込むような教育を行ってきたとは考えたくありませんが、日本の人々の主権者意識が結果的に低いという事実は否めません。

それでは日本とスウェーデンは、主権者教育への取り組みにおいて、どのような違いがあるのでしょうか。

2　学校法と学習指導要領

自主的であること

スウェーデンの学校法（Skollagen）第一章第四条は、スウェーデンの学校教育が、「知識や価値を学び発展させることに加えて、人権の尊重と民主的な価値判断力（demokratiska värderingar）を授け、確立することを目指す」と定めています。つまりスウェーデンの学校では、社会の様々な出来事が民主的なものであるかどうかを評価し、判断する力を育むことが教育目標とされています。

もちろん日本の教育基本法も、教育から民主的なものを排除しているわけではありません。それどころか、前文で「我々日本国民は、……民主的で文化的な国家を更に発展させる」と謳い、第一条で「教育は、……平和で民主的な国家及び社会の形成者として必要な資質を備えた……国民の育成を期して行われなければならない」と定めており、むしろ非常に重要な位置づけを与えています。ただしスウェーデンでは、「民主的に評価する力」を教育に直接結びつけているのに対して、日本では民主的なのは「国家」や「社会」であり、その形成者として必要な資質を育むのが教育であるとしており、やや遠回しな感じがします。このことが、これまでの日本における主権者教育の欠如の背景にあるように思われます。

学校の土台は民主主義

それでは、このような学校法のもとに策定された、スウェーデンの学習指導要領（ＬＧＲ）はどのようなものなのでしょうか。

スウェーデンの初等・中等教育は、日本の小学校と中学校を合わせたものに相当する九年間の基礎学校と、日本の高校と同じく三年間の高校によって成り立っています。現在の学習指導要領は、二〇一一年に大幅に改定されました。そのため、たとえば基礎学校の学習指導要領は一般に「ＬＧＲ11」と呼ばれています。ただしそれ以降は全く変わっていないわけではなく、社会の動きに合わせて毎年多少の見直しがなされています。

まず基礎学校の学習指導要領をひもといてみると、その冒頭に「学校は民主主義の土台の上に立っている」と述べられているのが目を引きます。さらに総論を読み進めていくと、以下の記述に当たります。

授業では、基礎的な民主的価値判断力に関する知識を与えるだけでは不十分である。授業の運営が民主的な方法で行われなければならないし、生徒たちが社会生活に積極的に参加できるようにしなければならない。また個人として責任を取れる力を育まなくてはならない。日々の授業の計画や評価に参加し、自らの学習コースや教科、テーマ、活動を選択できるようにすることで、生徒たちが影響を行使し、その責任を取る力を育んでゆけるのである。[3]

また、生徒たちが自分たちの授業について「影響を行使し、その責任を取る力を育んで」ゆくために、教員がすべきことが以下のように書かれています。

教員は、
・生徒たちが自分の学習や学校での活動に対して、個人として責任を取ることができ、またそうしたいと望んでいるという前提に立たなくてはならない。
・全ての生徒が、自分の活動内容、活動方法、授業内容に実際に影響を与えることができるようにする責任を持ち、またその影響力が年齢と成長に合わせて徐々に増していることとに注意しなくてはならない。
・授業に対する影響力と活動の幅が、女子生徒と男子生徒で同じ程度になるように努めなくてはならない。
・生徒たちが様々な活動内容や活動方法を試すことができるようにしなければならない。
・生徒たちと一緒に、授業を計画し評価しなくてはならない。
・生徒たちが共同で参加し責任を取り、また民主的な社会の土台となる権利を行使し義務を果たすことができるように準備を整えなければならない。[4]

生徒が評価する

これまでの日本の教育は、「基礎的な民主的価値判断力に関する知識を与える」ことは、少なくともある程度は行ってきたと思います。しかし授業の運営が民主的に行われるとか、生徒たちが日々の授業計画やその評価に参加するといったことについては、そのような必要性すら認識されてこなかったように思います。

むろん日本の小中学校が何もしてこなかったと言うつもりはありません。たとえば、生徒たちが学校生活についてどのように考えているのか、またどのような教科が好きなのかといったことを質問に盛り込んだ意識調査は、多くの自治体が行っています。たまたま私は地元の小学校の学校評価に携わっているので、現場の先生方がそういった調査結果を真摯に受け止め、学校の運営や授業の改善を図ろうとしていることもよくわかっているつもりです。

しかしながら、その調査結果をたとえば生徒たち自身に示して、改善すべき点を生徒たちにあげてもらったり、その改善の方策を先生と生徒が一緒に考えたりするという話は、あまり聞いたことがありません。しかもそのような取り組みを、民主主義や主権者教育の一環と位置づけるというのは、これまで日本ではあまり考えられてこなかったのではないでしょうか。

なお、これは言うまでもないことかもしれませんが、上記の学習指導要領はいわゆる「社会科」の授業に限られた話ではありません。民主主義は社会科あるいは道徳で学ぶもの、という扱い方をしている日本の学習指導要領とは対照的です。

もちろん、民主主義を規定する憲法やそれを体現する政治体制、また民主主義の発展の歴史などは、スウェーデンの子どもたちも「社会科」の中で学びます。しかし民主主義が人々の行動と生活をあらゆる面で規定していることを考えれば、その実践的な習得を特定の科目の中に閉じ込めず、学校生活の全体で学ぶというのは、きわめて自然なことではないでしょうか。スウェーデンにおける市民性教育の研究者であるルーレオ工科大学のリスベス・リンドストロム博士も、スウェーデンの学習指導要領に関する議論の中で「価値や態度は、学校その他の場所における日常の交流の中で伝えられ、変換される」[5]と述べています。

ルールはみんなで作る

ここでスウェーデン人の友人から聞いた、こんな話を思い出しました。あるとき、彼の息子が通っている幼稚園が、庭に新しい遊び場として木の小屋を作りました。日本であれば、たとえばその小屋の屋根に上って滑り落ちたら危ないということで、「屋根には上らないこと」といった決まりを作り、みんなその決まりをしっかり守りましょう、となるでしょう。ところがスウェーデンの幼稚園では、そのように決まりを作って与えるのではなく、子どもたちに、どのような決まりが必要かをあえて考えさせるというのです。「何をしたら危ないかな」などと子どもたちに問いかけ、「屋根には上らないこと」という決まりを、子どもたちから自発的に引き出すのだそうです。

このように、みんなが守るべき決まりはみんなで作る。これはまさしく民主主義の実践です。「そんなことを、いちいちやっていられないよ」と思う人がいるかもしれませんが、こうしたことが日常生活における民主的価値や態度の重要な学びであると考えれば、おろそかにすべきではないでしょう。もちろん、このように子どもたちが自分で決まりを作ることで、ただ決まりを押しつけられるよりも積極的に守るという効果が期待できますから、この取り組みはむしろ合理的であるとさえ言うことができます。

３　小学校で民主的価値観を学ぶ

社会科の教科書から

すでに述べたように、スウェーデンの初等教育機関は、日本の小学校と中学校を合わせた九年間の基礎学校ですが、通常この九年は低学年（一～三年）、中学年（四～六年）、高学年（七～九

スウェーデンの基礎学校中学年
（日本の小学校４～６年生向け）社会科の教科書

年）の三期に区分されます。

さきに私は、この基礎学校中学年、つまり日本でいうと小学校高学年に当たる学年を対象とした社会科の教科書を翻訳し『スウェーデンの小学校社会科の教科書を読む』という本にして発表しました。[6] ここではスウェーデンにおける主権者教育のあり方がよく表れている部分に焦点を当て、その特徴について考えていきます。

なぜ社会にルールがあるのか

この教科書は「社会」「メディア」「個人と集団」「経済」「政治」「法と権利」の六章で構成されています。第一章「社会」は、これから社会科を勉強する生徒たちへの導入であり、社会とは何かという哲学的な問いかけから始まっています。その中でも、日本との違いという点で印象的なのは、法律・規則・規範といった「決まり」についての教え方です。

私たちは社会の一員として、様々な決まりを守らなくてはいけない、というのは日本の学校でも教えます。けれどもスウェーデンの教科書には、人々が決まりを作り、それを守るのは、他人がどのような行動を取るのか、あるいは取らないのかを予想できるようにすることで、安心して暮らすことができるからだ、ということをきっちりと教えています。

決まりを作り、それを守ることの目的を知っている方が、ただ「決まりを守れ」とやみくもに押しつけられるよりも、積極的に守るようになるでしょう。また同時に、なぜ決まりがあるのかを知っていれば、どの決まりが必要で、どの決まりが必要でないかを判断できるようになります。これは主権者として非常に大切なことです。

しかも教科書には、このすぐ後に「法律や規則は変わる」という見出しを掲げ、社会は変化するので、それに合わせて法律や規則が変わるのは当然であると記しています。そのページの挿絵には、派手な髪型とファッションで登校してきた女の子のマンガが描かれ、「たとえば髪型やファッションを変えて、規範を打ち破ってやろうとするなら、それを何度も繰り返しているうちに、それでいいのではないかと思われるようになるかもしれません」という解説が付されています。

他方、日本では、高校でさえも「校則があるのだから、とにかくそれを守れ」という論理がまかり通っています。遵法意識を育むのは市民として大切なことですが、このような押しつけの論理に慣れてしまうと、法律や規則は誰かエラい人が勝手に決めるものであって、自分たちはとりあえずそれに従っておけばいい、という態度が染みついてしまいます。これでは主権者意識が育つはずがありません。

メディアの使い方を学ぶ

第二章「メディア」は、一見、主権者教育とは直接的な結びつきがあまりなさそうですが、スウェーデン人の主権者意識が垣間見える表現がそこかしこに見受けられます。たとえばフェイスブックやインスタグラムなどのソーシャルメディアについては、以下のような説明があります。

ソーシャルメディアは、友だちとどこで何をしているかについて連絡を取り合うときにもっともよく使われています。それだけではなく、ソーシャルメディアは、スウェーデン、そして世界中の権力者に影響を与えるために使うこともできます。ツィッターのコメントが何千もの人々に広まり、最終的に権力者に影響を与えるのです。[7]

日本であれば、「友だちと……連絡を取り合う」以上の情報発信ができるというソーシャルメディアの機能は、可能性としてよりも、まずは危険性として示される場合が多いのではないでしょうか。また、もし可能性を示すとしても、たとえば学校のイベントを地域の人々に知ってもらうというような「お知らせ」にとどまるのではないかと思います。大人であっても、ソーシャルメディアが「権力者に影響を与える」ツールであると意識して用いている人は、日本にどれほどいるでしょうか。繰り返しますが、これは日本で言えば小学生に対する教科書なのです。

そもそもスウェーデンと日本では、メディアの理解の仕方が大きく違います。日本では、メディアはもっぱら情報収集のためのツールという理解が一般的ですが、スウェーデンの教科書では、メディアが情報発信のツールであることが殊更に強調されています。教科書の言葉を借りれば、メディアは「民主制の道具」なのです。

そして教科書は「ソーシャルメディアによって、国をより民主的にするには、どうすれば良いでしょうか？」と、子どもたちに問いかけます。スウェーデンの小学生たちが、この問いに対してどのような答えを出すのか、残念ながら私は現場に居合わせたことがないのでわかりません。ひょっとすると実際には、大した答えが出てくるわけではないのかもしれません。しかしながら、小学生のうちからこんな問いについて考えさせていること自体が、非常に有意義な主権者教育であると思うのです。

権力者に影響を与える

もちろん、メディアでの情報発信を促すからには、その場合に守らなければならないルールについても教えなくてはいけません。スウェーデンの教科書には、基本的に出版と思想の自由が認められているものの、ヘイトスピーチ・違法な暴力の描写・中傷・脅迫・扇動・裁判における不正喚起などは認められないということを、「民主制の制限」という見出しの下で教えています。

さらに教科書では「あなたも影響を与えることができる」という見出しの下で、メディアを用いて自分の意見を他の人々に伝えて賛同を得ることで「世論を形成する」ことが重要であると説いていきます。「署名を集める」「地方の新聞に投書する」「フェイスブックでグループを作る」「人々を集めてデモを行う」「責任者の政治家に直接連絡を取る」といった具体的な方法を示して、世論の形成を促しているのです。その教科書のページには、まだ一〇代前半くらいの子どもたちがプラカードを掲げて列を作り、デモを行っている写真が掲載されています。

こうした教育に対して、「まだ何もわからない子どもたちに、そこまで教えなくてもいいじゃないか」という人がいるかもしれません。しかしこうした知識は、大人になれば自然に身につくというものではありません。日本において、政治や選挙は自分とは関係ないと考える人が多いこと、また先にグラフで示したように、市民が考えていることを政府は気にかけていないと感じる人が多いことの背景には、こうした教育の欠如を挙げることができるのではないかと思います。

子どもは親の所有物ではない

第三章は「個人と集団」です。この章では多くの子どもたちにとって生活の舞台となっている、家庭と学校について書かれています。家庭生活の部分に、民主制や主権に関する議論はあまり登場しませんが、子どもが親の所有物ではなく、自立した存在であるという考え方は様々な形で示されています。

たとえば離婚協議の際に、親は子ども自身の意見を聞かなくてはならないとあります。これに対して日本では、離婚協議において子どもの意見を参考にすることもあるのですが、その子どもが一五歳未満であれば、まだ十分に考えをまとめる能力がないということで、必ずしも意見を聞かなくてもよいということになっています。

もちろんスウェーデンでも子どもは未熟です。しかしスウェーデンでは、未熟な者でも未熟な者なりの意見があり、それに耳を傾けるのは重要なことである、と考えるわけです。日本とスウェーデンの間の主権者教育への取り組みの違いには、このような両国の考え方の違いが反映されているように思います。

聞いてもらう権利

学校生活について、スウェーデンの学習指導要領が学校を民主制の実践の場と位置づけていることを先に示しましたが、社会科の教科書には、そのことが素直に書かれています。

昔と今の学校では、似ているところもあります。たとえば、読み、書き、計算が大切であることは、昔も今も変わりません。

ただし、今の学校では、生徒の意見を聞き、彼らと話し合い、彼らにかかわる決定に影響を与えるのが先生や職員の仕事となっています。この点は、昔とは違う大切なことです。

このような「聞いてもらう権利」は、学習指導要領に定められています。つまり、全ての生徒は、たとえば生活に関する規則について話し合い、決定することなどができるのです。

学校における決定に影響を与えることができるのは、大切なことです。そこで生徒たちは、民主制の機能の仕方を理解するのです。学級会では、民主制の練習をすることができます。民主制そこでは、全ての生徒が自分の意見を表明する権利（表現の自由）を持っています。民主制はまた、最も多くの票を得た提案が勝利し（多数決）、それを受け入れる仕組みになっています。[8]

このように、スウェーデンでは、生徒たちが学校に「聞いてもらう権利」があること、授業や学校における様々な決まりについて影響を与えることができること、また全ての生徒が意見を表明する権利を持っていることを、教科書でしっかりと伝えているのです。

日本の小中学校でも、学級会や生徒会という仕組みを通じて、意見の表明や多数決による意思決定、少数意見の尊重といったことを教わります。しかし、それらが民主制の機能を理解する機会になっているという認識は、どれほど共有されているでしょうか。

税金と社会サービスを学ぶ

第四章は「経済」です。主権や民主制という言葉はあまり登場しません。ただし経済活動が社会の仕組みと密接に関わるものとして論じられており、また経済に関わる様々な問題を主権者としてどう考えるのか、という問いかけを通じて、主権者教育を実践していると見ることができます。

たとえば「人は働いて収入を得る」ということが書かれている部分があります。ここまでは日本の教科書と変わらないと思いますが、スウェーデンの教科書にはそのすぐ後に「給料の全てがもらえるわけではありません」という文が続きます。すなわち、税金を払うということです。そこには「給料のおよそ三分の一を支払うというのが、最も一般的です」とまで書かれています。

日本の子どもたちも所得に応じて税金を払うことは知っているでしょうが、それが具体的にどの程度なのかを答えられる子はそれほど多くないと思います。

子どものうちから税金について学ばせるなんて、高負担国家のスウェーデンらしいですが、もちろんその負担を無条件に受け入れるように仕向けているわけではありません。教科書には、学校や病院、道路整備などの様々な社会サービスが税金によって賄われていることを述べた上で、生徒どうしの以下のような会話が登場します。

生徒Ａ「明らかなのは、高い料金を支払わずに、こうしたサービスを全て利用することができるということです。私たちの給料から税金が差し引かれることで、すでに支払ったのと同じようなことになっているのです」

生徒Ｂ「しかし、私は全く車を運転しないし、子どももいないし、病気でもありません。それなのに、なぜ私も税金を払わなくてはならないのですか？」[9]

失業は社会問題につながる

この生徒Ｂの問いかけに対する答えは示されていません。むろん、どこまでを税金に委ね、どこまでを自己負担とするかというのは、現代社会における様々な政策の根底を貫く問題です。このことについて早くから意識させることは、主権者意識を醸成する重要な糧になるのではないかと思います。

もう一つ、失業について書かれている部分も印象的です。日本では一般に大人も含めて、失業を個人の問題としてとらえる傾向が強いと思いますが、この教科書には、社会に失業者が増えると消費が低迷して企業の業績が落ちること、また税収が減る一方で福祉サービスの負担が増えることを、小学生にわかる形の非常に平易な文章で、さらっと述べています。

スウェーデンの失業対策が手厚いのは、単にスウェーデン人が優しいからではありません。彼らは失業を野放しにすると、やがて深刻な社会問題に発展することを心得ているのです。

決定者は自分たち

第五章は、選挙制度や政治体制など、民主制を支える様々な制度について書かれています。そうした制度については日本の小学生も学びますが、日本では制度の内容を知識として教え込むという性格が強いのに対して、スウェーデンの教科書は、より本質的な意識の醸成に力を入れているように思われます。

たとえば、選挙制度について書かれている部分には、こんな文章があります。

> 政治的な決定は、スウェーデンに住むわれわれすべてに影響を与えます。ただし、私たちもそれに影響を与えることができます。なぜなら、政治家に投票するのは私たちだからです。したがって、「決定しているのは私たちだ」と言えるのです。[10]

「国民主権」という言葉は、日本の小学生も教わりますし、授業ではその意味も一緒に教わると思います。ところが日本では、この言葉を覚えることがまず大切とされ、そのことを自分自身に引き寄せて考えるところまで行っていないように思うのです。

それと同じ話で、国会についての説明も「国会は、国権の最高機関」などと呪文のように教えるのではなく、「スウェーデンでは、誰が最も権力を持っているのでしょうか」という問いかけから始まります。王様なのか、首相なのか、大企業なのか、メディアなのか、はたまたサッカー選手のズラタン・イブラヒモビッチなのか。子どもたちにいろいろ考えさせた上で、「最も権力を持っているのは、スウェーデン国会です」と述べています。

この教科書を読んだ日本の大学生たちも指摘していましたが、そもそも日本では中学・高校までを含めて、歴史の授業以外で権力について語ることはほとんどありません。とかく日本人は政治について人前で語るのを避ける傾向があると言われていますが、このような教育のあり方を反映しているのではないかと思います。

独裁制を通して民主制を学ぶ

日本の教科書とは大きく異なる特徴として一つ挙げておきたいのは、民主制を理解するために、独裁制を引き合いに出している点です。

独裁制に共通しているのは、社会の中である集団だけが権力をもっており、他方、他の人々には権力がないということです。（中略）独裁制における権力者は、自分が権力を維持するために、国民には国の統治や法律について疑問をもたせないようにしています。

・多くの場合、一つの政党にしか投票できないか、投票する権利がありません。共通で平等の投票権がないのです。

・表現の自由がありません。あえて抵抗しようとする人々は、長い期間拘束されるか、死刑にされます。独裁制のもとでは、国民は自分の意見を表現するのを恐れるようになります。

・メディアはすべて管理されています。放送や出版には、すべて検閲があります。[11]

独裁制も権力と同様に、日本では歴史の授業でしか扱われない項目かもしれません。日本の近隣にも独裁制の国があることは知っていても、独裁制なんて日本には縁のない話だと思っている人は多いのではないかと思います。けれども「国民には国の統治や法律について疑問をもたせないようにしています」とか「メディアはすべて管理されています」といったあたりは、わが国も決して無縁とは言い切れないのではないでしょうか。

独裁者は、ある日突然やってくるわけではありません。民主制は、主権者である私たちが、独裁的な要素を排除し民主制を守る不断の努力を重ねることによって維持されている。そのことを、スウェーデンの子どもたちは小学生のうちから学ぶのです。

きれいな文章はなぜ必要？

ところで、誤字のないきれいな文章を書く必要性を子どもたちに教えるとき、あなたはどうしますか。誤字をなくさないと、テストで良い点が取れないよ、と言うでしょうか。スウェーデンの社会科教科書の「政治」の章には、きれいな文章を書くことが、学校や両親、近所の人々といった自分を取り巻く大人たち、ひいては政治家を味方につけ、自分の意見が社会に影響を与える力をつけるために、必要なことであると書かれています。言い換えれば、誤字のないきれいな文章を書くことでさえも、スウェーデンでは主権者教育の一環なのです。

みんなの権利

教科書の最後は、「法と権利」についての章です。ここではまず、社会で最も大切な法律が、人間の権利と民主制に関わるものであることに、ふれています。また、法律を決めているのは国会であり、国会のメンバーを決めているのは国民なので、法律には民主的な支えがあると説いています。

また民主制に欠かせない原理として、法の下の平等と権利の保障を挙げています。そして「独裁制の国には権利の保障がなく、人々は法の下で平等ではありません」と述べ、政治制度について述べる第五章と同様に、民主制を独裁制と対比しています。

またこの章には、「公共アクセス権」についての説明があります。公共アクセス権とは、「全ての人が自然に接し、自然の恵みを享受する権利がある」という信念のもとに、たとえ他人の土地であっても、自然を破壊したり平静を乱したりしなければ、その自然を楽しむ権利が与えられているというものです。

これは一見、民主制と関係のない話のようですが、スウェーデンでは、スウェーデンが民主的であることの象徴としてこの公共アクセス権を挙げる人が少なくありません。スウェーデンと同様の公共アクセス権を認めているのは、世界を見渡してもデンマークを除く北欧諸国くらいしかないため、スウェーデンが世界でも特に民主的であるという誇りを支える役割を果たしているのです。ちなみに公共アクセス権は、スウェーデン語ではAllemansrätten（全ての人の権利）と表現されます。

自分たちの権利を知る

最後に「子どもの権利条約」の扱いについてふれておきます。基本的人権については、日本でもスウェーデンでも学校で習いますが、日本では子どもの権利条約について、あまりしっかりと教えているように見えません。たとえば二〇一三年に兵庫県川西市が実施したアンケートによると、市内の小学生の中で条約の内容を「わりと知っていると思う」と答えた子どもはわずか二パーセント、「少しは知っていると思う」と答えた子どもも一〇パーセントに過ぎません。ここで紹介した教科書を読んだ大学生たちに聞いても、条約があることは知っていたが、内容は知らないという学生がほとんどで、中には条約の存在そのものを知らないという人もいました。

これに対してスウェーデンの教科書では、子どもの権利条約の内容を抜粋して紹介しています。

しかも、単に条約の内容を知識として教え込むだけではなく、「あなたには、生まれた場所や肌の色、どの神様を信じているか、裕福か貧しいか、女の子か男の子か、などの違いにかかわらず、他のすべての子どもたちと同じ権利があります」「あなたのことを決める人は、つねにあなたにとって最も良いことが何かということを考えます」「あなたには、自分がどう思っているかを言う権利があります。大人たちは、あなたの言うことを聞かなくてはなりません」といった形で、自分自身の権利として理解するように促しているのです。子どもは未熟ではあっても、あくまで独立した個人であり、民主的な社会の一員として発言する権利があることを、しっかりと教えているのです。

4　スウェーデンの「学校選挙」

つぎに、スウェーデンの主権者教育を語る上で欠かせない活動である学校選挙について見ていきましょう。

本気の学校選挙

学校選挙はスウェーデン語で「Skolval」と書きます。「学校」を意味する「Skol」と、「選挙」を意味する「val」がくっついた言葉です。なお「val」には、政治家を選ぶための「選挙」だけでなく、一般に「選ぶ」という意味があるので、「Skolval」という言葉は、生徒がどの学校に入学するかを選ぶ際の「学校選択」を意味することもあるので、注意してください。

学校選挙の歴史は一九六〇年代末にまで遡ります。ただし初期の学校選挙は、教師や生徒の自発的なイニシアティブのもとで、学校ごとにバラバラに行われていました。学校選挙が国政選挙に先立って全国で統一的に実施され、その結果を全国的にまとめるようになったのは、一九九八年のことでした。このときには三七〇の学校で、一一万二千人の高校生、基礎学校の七～九年生(日本の中学生に相当)が投票しました。

スウェーデンの国会は一院制で、日本の衆議院のように任期途中での解散、総選挙は通例行われないため、一九九八年以降は二〇〇二年、二〇〇六年、二〇一〇年、二〇一四年と四年おきに、これまで五回行われています。なお、スウェーデンはEUに加盟しており、二〇一四年には国政選挙に先立ってEU議会選挙が実施されましたが、この年にはそれに合わせた学校選挙も初めて行われました。

それらの学校選挙における参加学校数と投票者数の推移は、**図表4-3**のとおりです。二〇一四年の投票者数は三六万一千人と、過去最高の四五万人を記録した二〇〇六年には及びませんが、参加学校数は一六二九校と過去最高を記録しました。投票者数三六万一千人のうち、高校生は一六万五千人で、これは同年の高校生の数三二万四千人の約半数(五一パーセント)でした。残りの一九万六千人は基礎学校の七～九年生ですが、これは同年の七～九年生の数二九万七千人の約三分の二(六六パーセント)に上ります。ただし学校数で見ると、高校は全一三二八校中五二五校、基礎学校は全四八四五校中一一〇四校で、それぞれ四〇パーセント、二三パーセントと、過去最高を記録したとはいえ、学校選挙を実施している学校の割合はまだまだ少ないことが

図表 4-3　学校選挙の参加学校数と投票者数の推移

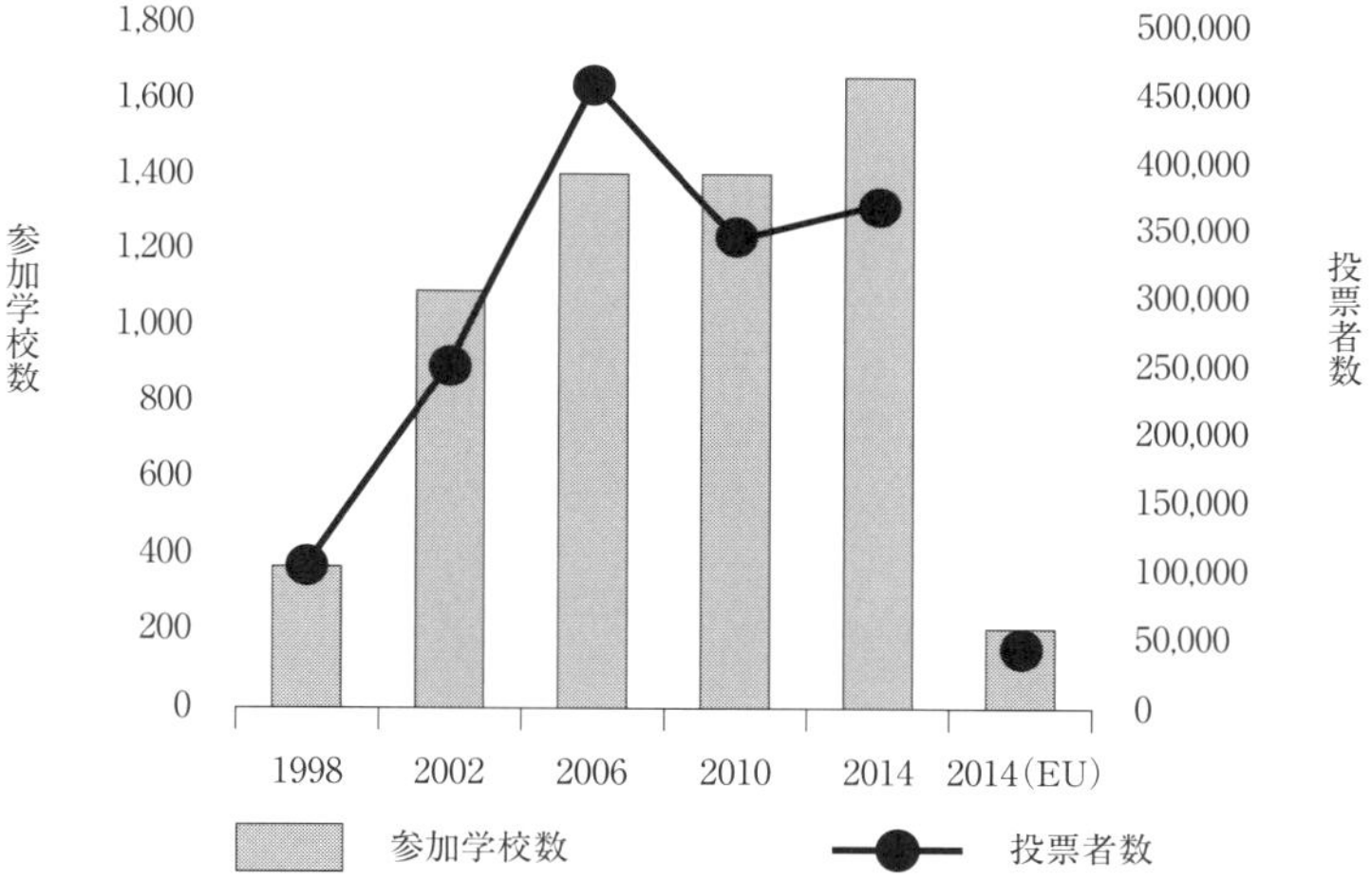

資料：若者市民社会庁、*Skolval 2014: Slutrapportering av uppdraget*, pp.6-7 掲載のデータより作成

図表 4-4　2014 年時点の各学校の在籍者数・学校数と学校選挙の投票者数、参加校数

	高校	基礎学校（7－9年）
在籍者数	32 万 4 千人	29 万 7 千人
投票者数	16 万 5 千人	19 万 6 千人
投票率	51%	66%
学校数	1328 校	4845 校
学校選挙参加校数	525 校	1104 校
参加率	40%	23%

資料：学校庁、http://skolval2014.se/ 掲載のデータより作成

わかります（図表4－4）。

政府主導の大プロジェクト

学校選挙の運営を取りまとめているのは、若者市民社会庁（ＭＵＣＦ）という行政機関です。同庁は政府の指揮のもとで活動し、事前の啓発活動や投票用紙の運搬などの経費は政府の予算で賄われています。つまり、今や学校選挙は政府が主導する一大プロジェクトなのです。若者市民社会庁は、学校選挙に先立って「教室における選挙の年（Valår i klassrummet）」という教員向けの冊子を発行し、学校選挙の円滑な運営に努めています。

ただし、参加するかどうかはあくまで各学校の裁量に任されています。また実際の運営は若者市民社会庁ではなく、生徒たちの自主組織に委ねられています。二〇一四年の学校選挙では、スウェーデン学生自治会（Sveriges Elevkårer）、スウェーデン生徒会連合（Sveriges Elevråd）、欧州若者議会スウェーデン支部（Europeiska ungdomsparlamentet Sverige）の三つの団体が運営に当たりました。スウェーデン学生自治会とスウェーデン生徒会連合は、それぞれ高校生、基礎学校の生徒の全国組織です。また欧州若者議会スウェーデン支部は、ＥＵについて考えるスウェーデンの若者の全国組織であり、ＥＵ議会選挙の運営に携わりました。[12]

なおスウェーデン生徒会組合（Sveriges elevråd：ＳＶＥＡ）とゲーム愛好者の若者の団体であるスウェーデンゲーム連合（Sverok）が協力して「活発な選挙（Det levande valet）」というプロジェクトを立ち上げ、生徒たちの民主主義や政治に対する意識向上を図るべく、政府から補

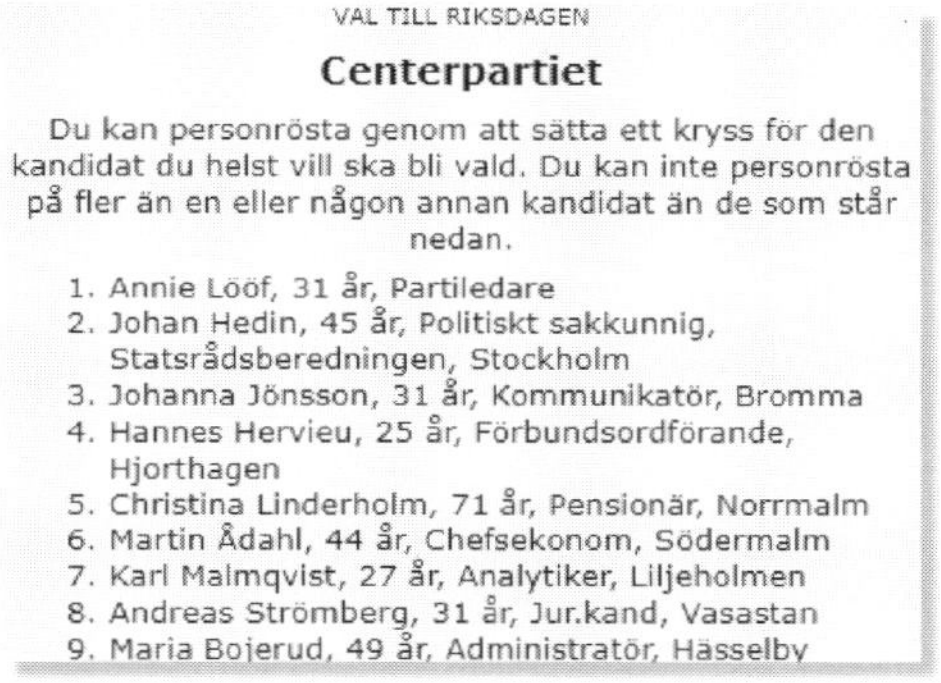
VAL TILL RIKSDAGEN

Centerpartiet

Du kan personrösta genom att sätta ett kryss för den kandidat du helst vill ska bli vald. Du kan inte personrösta på fler än en eller någon annan kandidat än de som står nedan.

1. Annie Lööf, 31 år, Partiledare
2. Johan Hedin, 45 år, Politiskt sakkunnig, Statsrådsberedningen, Stockholm
3. Johanna Jönsson, 31 år, Kommunikatör, Bromma
4. Hannes Hervieu, 25 år, Förbundsordförande, Hjorthagen
5. Christina Linderholm, 71 år, Pensionär, Norrmalm
6. Martin Ådahl, 44 år, Chefsekonom, Södermalm
7. Karl Malmqvist, 27 år, Analytiker, Liljeholmen
8. Andreas Strömberg, 31 år, Jur.kand, Vasastan
9. Maria Bojerud, 49 år, Administratör, Hässelby

スウェーデンの投票用紙
(2014年国政選挙・中央党)
資料：全国選挙管理委員会
http://www.val.se/

助金を得てロールプレイングゲームを開発しました。

投票用紙も本物

スウェーデンの学校選挙では、全国選挙管理委員会(Valmyndigheten)が作成する、実際の選挙に用いられる投票用紙が使われます。スウェーデンの選挙は比例代表制ですが、日本の選挙のように投票用紙に政党名や候補者名を記入するのではなく、政党名や候補者の氏名、年齢および職業があらかじめ印字されています。候補者名は各政党が提出した比例名簿順になっていますが、個人的に支持する候補者がいる場合には、その候補者の名前をチェックすることで、名簿の順位を上げることができます。学校選挙においても実際の選挙に用いられる投票用紙を使うということは、生徒たちもこうした実在の政党、そして実在の候補者の情報を吟味しながら、どの党・候補者に投票するかを決定しているということなのです。

なお二〇一四年の学校選挙では、障害のある生徒のための特別学校(särskola)へのアプローチの強化が課題として取り上げられ、若者市民社会庁による会議の開催や、特別学校の教員向けの学校選挙マニュアル作成などの取り組みが行われました。「障害者も主権者である」というのは、ごく当たり前のことですが、ここまで目配りが進んでいるスウェーデンの取り組みには、彼我の差を感じざるを得ません。

総選挙と同じ傾向

さて、二〇一四年のスウェーデンの総選挙は九月一四日でした。学校選挙もこれに合わせて日程が組まれ、その前の二週間のウィークデー、つまり九月一日から一二日にかけて実施されました。開票結果の速報値は九月一四日に公表されました。ただし総選挙の投票行動に影響を与えないよう、午後八時に投票が締め切られてから公表されました。

図表4-5が、その投票結果です。学校選挙においては、環境党の得票率が総選挙の二倍以上（総選挙の七パーセントに対して一五パーセント）と目立って高いのが特徴的ですが、社会民主党が第一党、穏健党が第二党であることや、他の政党の得票率の水準には大きな差が見られません。環境党は教育政策に力を入れていることもあってか、生徒たちの支持が高いようですが、他の政党の支持率がおおむね一般の有権者たちと変わらないというのは、世代間のギャップが少ないということであり、また生徒たちが一般の有権者と同じように政党を理解し、真剣に投票していることの表れでもあります。

もちろん、実際の総選挙と同じく投票は強制ではありません。先に述べたとおり、二〇一四年の投票者数は三六万一千人でしたが、この学校選挙に参加した学校で投票権を持っていた生徒の

図表4-5　2014年の学校選挙と総選挙の結果

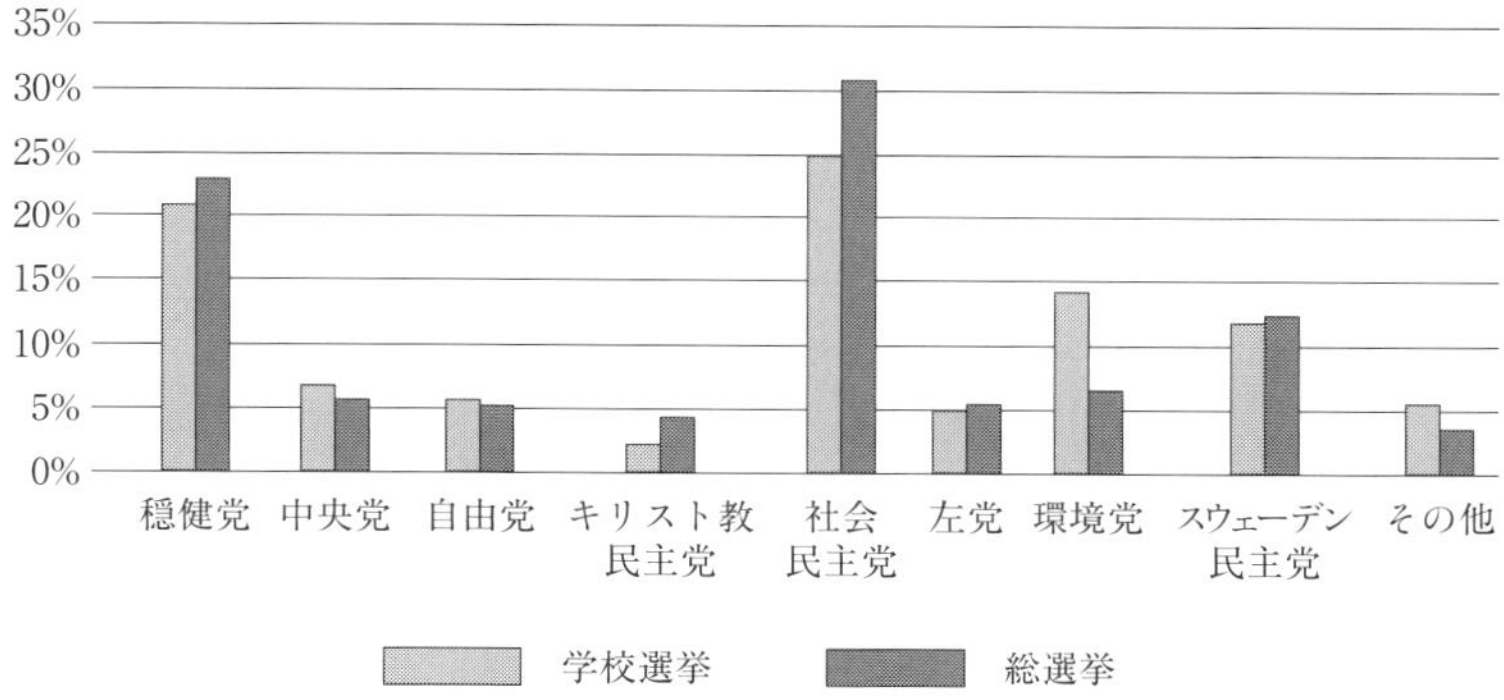

資料：学校庁、http://skolval2014.se/ 及び、全国選挙管理委員会、http://www.val.se/ 掲載のデータより作成

数は四六万六千人で、投票率は七七・五パーセントでした。また白票を投じたり、架空の政党名、たとえばスウェーデンを代表するサッカー選手であるズラタン・イブラヒモビッチにちなんだ「ズラタン党」や、実際の総選挙でも既存の政党システムでは選択肢がないことを批判する際に用いられる「ドナルドダック党」を記入した無効票がおよそ二万六千票ありました。これは全投票数の七・二パーセントに当たります。

なお投票結果は「Skolval2014.se」という特設のウェブサイトに掲載されています。そこには、全国の集計結果だけでなく、県や市、また学校単位のデータがくまなく掲載され、投票結果をつぶさに調べることができるようになっています。このように詳細なデータを全て公開するのは、情報公開を重視するスウェーデンの伝統の表れとも言えます。しかしそれだけではなく、たとえ模擬選挙といえども、自分の投票に対して責任を持たなければならないという自覚を生徒たちに促すことにもつながるものと思われます。

また実際、この学校選挙に参加している生徒たちの三分の二（六学年中四学年）は、四年後に行われる総選挙では有権者になるわけですから、政治家たちも決して侮ることはできません。それがまた、学校選挙に参加する生徒たちの真剣味を増すことにもつながるわけです。

5　政治の学び方

政治家が学校に来る

学校選挙を実効性のある活動として実施するには、生徒たちがそれぞれの政党の立場や主張をしっかりと理解しなければなりません。もちろん各政党は、来る選挙に備えてマニフェスト（公約）をホームページに公開したり、新聞やテレビでそれぞれの主張をしたりするので、それらを調べていけば、ある程度の理解はできるでしょう。しかし、政党の党員や候補者と直接対話することができれば、それが政党を理解する一番の早道です。生徒たちにとっても、実際の政治家と対面し話をすることで、投票に参加する意欲を高めることになります。

政党にとっても、次回以降の選挙で有権者になる人々に対して、自分たちの立場や主張をしっかりアピールするのはとても大切なことです。しかも学校選挙の結果がまとめられて公表されたときに、自党の得票率が低く、世間そして当の生徒たちに「あの党は若者には人気がない」という印象を与えれば、その後の政党の活動に悪い影響を与えることになります。

したがってスウェーデンでは、政治家が学校を訪問し生徒たちと対話をすることは、学校にとっても政党にとっても良いことであると広く考えられています。

しかしながら、そこには懸念もあります。すなわち、政党の中には、学校で行われている教育内容と相容れない主張をしている党もあります。たとえば学校では人を差別してはならないと教えているのに、そのような差別はあって然るべきだと主張する政党を学校に招き入れれば、生徒たちは混乱します。それでは、そのような政党は学校に招かなければ良いのかというと、そう簡単にはいきません。学校が特定の政党のみを招き入れて他の政党を排除すれば、言論の自由を侵害する危険性があるからです。

学校選挙がより多くの学校で実施されるにつれ、この問題は広く認識されるようになりました。とりわけスウェーデン民主党という極右政党が勢力を伸ばしたことで、同党の訪問を受け入れるべきか否か、多くの学校で論争を引き起こしました。

学校と政党の良い関係

スウェーデンには、公的機関が法律を遵守しているかどうかを監督する機関として、国会に所属する議会オンブズマン（Justitieombudsmannen：ＪＯ）と政府に所属する法務監察長官（Justitiekanslern：ＪＫ）があり、この問題について両者が様々な見解を出してきました。

こうした状況を受けて、学校庁は「Politisk information i skolan（学校における政治的情報）」として、学校と政党の関係はどうあるべきかについての見解をまとめています。[13]

それによると、学校が政党を招待し、協力関係を築くことは良いことであると述べた上で、学校は政党が自由に意見を表明できる公共の場ではなく、ゆえに政党は、当然の権利として学校で言論活動を行うことができるわけではない。つまり学校が政党を呼ぶかどうかは、あくまで各学校の校長の裁量に委ねられている、ということなのです。

とはいえ、校長は自分の個人的な好みで招待する政党を決めてよいわけではなく、基本的に全ての政党に対して平等な姿勢で臨まなければなりません。しかし、訪問を希望している政党を全て招待するのは、時間的にも場所的にも難しいということで、たとえば国会や地元の自治体に議席がある政党という基準を設けて、その基準に合った政党だけを招待することは、認められています。またその場合にも、それらの政党を同時に呼ぶ必要はなく、あくまで学校の都合に合わせて招待すればよいことになっています。ただしその招待の基準は、客観的に明確であり、政党の政治的主張を理由にしてはなりません。また招待しなかった政党についても、ブースの設置やチラシの配布を認めるなどの形で、可能な限り要請に応えて情報提供すべきこととされています。なお実際にあった事例で、ある政党が学校に来ることに生徒が反対してデモを起こしたため、その政党の招待を取りやめた学校がありました。しかしこれは、招待拒否の理由としては認められません。

また学校によっては、どの政党を招待するかの判断を避けるために、政党を一切招待しないという判断をする学校も、ないわけではありません。そのような判断は、法的には何ら問題ありませんが、主権者教育という点からも、地域社会との交流促進という点からも、あまり望ましいことではない、というのが学校庁の見解です。逆に学校庁としては、どの政党を招待するのかというところから、校長他の先生や生徒たちと議論しながら決定し、学校選挙に臨む態勢を作るというのが理想のようです。

若者同士のトーク

なお、以上の見解はすでに広く共有されていますが、二〇一八年の選挙に向けて法制化の機運が高まったことから、二〇一七年の国会において、学校に政党を招待する場合には、客観的に明確な制限を付してもよいことなどを内容とした学校法の改正案が提出され、二〇一八年一月より施行されることとなりました。

ちなみに、スウェーデンの政党の多くは青年部を持っており、学校選挙の前に学校を訪問するのは、主としてこの青年部のメンバーです。もちろん現役の国会議員や市議会議員が高校や基礎学校を訪れることもありますが、若者組合は各党の立場や政策をまさに若者目線でとらえているので、生徒たちにより直接的にアピールできるという狙いもあります。

たとえばスウェーデンの最大政党である社会民主党には、スウェーデン社会民主党若者組合（SSU）という若者組合があり、主に一三歳から二九歳まで、一万人以上の組合員を擁しています。

現在首相を務めるステファン・ロベーン氏をはじめ、スウェーデンの歴代の首相や大臣も、若い頃にそれぞれの若者組合の組合員を経験した人が多いようです。ちなみに組合員になるには年会費を払わなければなりませんが、その金額は二〇一七年時点で二〇クローナ（約二八〇円）です。

私は、ある高校を訪問した際に、そのような若者組織のメンバーが高校生たちと対話しているのを見せてもらったことがあります。スウェーデン語でしかも若者言葉だったので、内容を聞き取ることはほとんどできませんでしたが、黒い革ジャンを着た二〇歳過ぎくらいの若者が、演壇に腰掛けてマイクを片手に「俺はこう思うんだよね〜。何か質問ある？」という調子で高校生たちに語り掛けている姿は、日本の候補者の街頭演説とは全く異なり、とても新鮮でした。そしてまた、スウェーデンの若者が投票に行くのはなぜなのか、日本の若者が投票に行かないのはなぜなのかが、何となくわかったような気がしました。

6　スウェーデンの主権者教育から何を学ぶか

学生は社会人ではないのか

本章では、まずスウェーデンと日本の若者の主権者意識の差を示した上で、その差が生じた理由を学校における主権者教育のあり方の違いに求め、スウェーデンの学校法と学習指導要領、スウェーデンの基礎学校中学年（日本の小学校）教科書、学校選挙、そして学校と政党の関わりについて見てきました。

先に紹介したルーレオ工科大学のリスベス・リンドストロム博士は、自身の研究の中で「スウェーデンの若者は、民主主義について学ぶとともに活発な市民活動を実践する機会が与えられている」「生徒たちは民主的な活動の枠組みの一部となり、積極的に社会参加する準備を整えることのできる可能性がある」と述べています。これまで見てきたことを振り返ると、非常に納得できるところではないかと思います。

すでに述べたように、日本でも「教育は、……平和で民主的な国家及び社会の形成者として必要な資質を備えた……国民の育成を期して行われなければならない」と教育基本法の第一条に定めています。教育が民主的な社会の形成を目的としているという点は、スウェーデンと何ら変わりません。[14]

実際、日本の小中学校、高校にも学級会や生徒会があり、そこでは学校で起こる様々な問題を解決したり、行事の内容について賛否を議論したり、必要があれば多数決によって意思決定を行うといった「民主主義の練習」が行われています。

しかしながら、日本の場合、それはたいてい学校の中の出来事に限られており、外の社会とは分けて考えられます。「社会科」「公民」「政治経済」などの科目として、社会の勉強はしますが、その目的は現実の社会を評価したり変えたりすることにあるのではなく、テストで高い点数を取って、いい中学、高校、大学に行くことに主眼が置かれています。言い換えれば、子どもは学校に行っているうちは、まだ社会に関わるべきではない、口出しすべきではないという考え方が支配的です。「社会人」という言葉がありますが、これは裏を返せば、学生のうちは社会の一員ではないということを意味しています。

積極的中立を推奨

日本の公職選挙法では、一八歳未満の非有権者の選挙運動を禁止しています。その理由を端的に言えば、一八歳未満の者はまだ未成熟なので政治や社会のことは十分に理解できないし、下手をすれば悪い大人に騙されていいように使われたり、洗脳されたりする心配があるから、ということだと思います。

この考え方は必ずしもおかしいとは思いません。けれども学校に通っているときには「子どもだから」と現実の社会から遠ざけられてきた人々が、いざ有権者になったとたんに、政治や社会のことを理解できるようになるのでしょうか。学校を卒業したら、もはや積極的に教えてくれる先生はそばにいません。興味や関心があれば本やテレビ、インターネットを通じて情報を得ようとするかもしれませんが、それらの情報が正しいという保証もありません。その結果として、年は重ねていても政治的な知識のないナイーブな大人が増えているとすれば、それはこの国の民主主義にとって極めて危険なことだと思います。

もちろん、学校で実際の社会の政治を教える際には、政治的な中立を保つことが大前提です。先に示したように、スウェーデンにも、政治的に偏らないようどの政党も招かないという「消極的中立」の立場を取る学校はありますが、政府としては客観的な基準を設け、その枠の中で政党を同等に扱う「積極的中立」を推奨しており、それに合わせた法改正を行っていることからも、今後ますます「積極的中立」の方向に進んでいくように見えます。

かたや日本では「消極的中立」の立場が支配的です。高校が選挙の前に各党の候補者を招いて生徒たちと対話させるなどというのは、ほとんどタブーに近い行為でしょう。そもそもスウェーデンのような政党の若者組合がありませんし、候補者たちもそんなことにわざわざ時間を使うよりも、駅前で演説したり、選挙カーに乗って自分の名前をアピールする方が有意義であると考えることでしょう。

また、たとえ積極的に候補者を招いて生徒たちと対話をする機会を高校が設けたとしても、生徒たちは、そんな受験に役立たない話など聞きたくないとそっぽを向いてしまうかもしれません。保護者たちからは、授業の時間を削ってそんなことに時間を使うなんて、とクレームが来る可能性もあります。

学校選挙にしても、参議院はともかく衆議院の選挙はいつ行われるかわからないので、スウェーデンのように周到な準備のもとで実施することもできません。スウェーデンのような主権者教育が日本で望まれるとしても、日本とスウェーデンの教育システムや政治システムの違いを抜きにして、そのまま日本に採り入れるのは無理があります。

とはいえ、スウェーデンにおける主権者教育から学べることはあります。とりわけ、子どもはそもそも主権者であり、その主権者に対して何を教えていくかという視点で教育を行う姿勢を学ぶことは、大切であると思います。

人はいつから主権者になるのか

日本でも二〇一八年度に施行される新しい学習指導要領には、「地方自治や我が国の民主政治の発展に寄与しようとする自覚や住民としての自治意識の基礎を育成することに向けて、…思考力、判断力、表現力等を身に付けること」「民主政治の推進と、公正な世論の形成や選挙など国民の政治参加との関連について多面的・多角的に考察、構想し、表現すること」といった内容が盛り込まれています。[15]このように主権者教育を進めていくのは望ましいことですが、どうも日本では子どもを不完全で守るべきものという思いが強すぎて、子どもであっても一人の国民であり、ゆえに主権者であるという意識が希薄な感じがします。しかしそれでは、いくら学習指導要領の文言を充実させても「形だけ」の上滑りな授業が行われるだけでしょうし、投票に行く若者が増えることもないでしょう。

選挙権が一八歳に引き下げられてから、政府は若者の投票率を上げようと、若者に人気のあるアイドルやタレントを使って懸命に努力していますが、それにつられて投票に行くほど若者たちは愚かではありません。主権者教育で最も大切なのは、一人ひとりが主権者であるという当事者意識を持つことであって、国民主権が憲法の第何条に書かれているかを覚えることでも、模擬選挙で投票用紙に架空の政党を書き込んで、投票の仕方を学ぶことでもありません。

以前、私の学生が、なぜスウェーデンでは若者の投票率が高いのかをスウェーデンの学生にたずねたところ、「むしろ、なぜ日本の若者は投票しないの？　法律や制度が変わったら、その影響を将来にわたって一番受けるのは僕たち若者じゃない！」と言われて、びっくりしたけれども納得した、と言っていました。このような感覚を、いつか日本の若者たちが広く共有するようになる日が来るよう、私たちは知恵を絞っていかねばなりません。

注

（1）ISSP Research Group（2016）*International Social Survey Programme: Citizenship II - ISSP 2014*. GESIS Data Archive, Cologne. ZA6670 Data file Version 2.0.0.

（2）同前。

（3）Skolverket（2011）*Curriculum for the compulsory school, preschool class and the recreation centre 2011*（LGR11）, p8.

（4）LGR11, pp.15-16.

（5）Lisbeth Lindström（2013）"Citizenship Education from a Swedish Perspective", *Journal of Studies in Education*. Vol.3, No.2, p.35.

（6）ヨーラン・スバネリッド、鈴木賢志・明治大学国際日本学部鈴木ゼミ編訳（二〇一六）『スウェーデンの小学校社会科の教科書を読む　日本の大学生は何を感じたのか』新評論。

（7）同前、三二頁。

（8）同前、六九～七〇頁。

（9）同前、一〇〇頁。

（10）同前、一二四～一二五頁。

（11）同前、一四二頁。

（12）Myndigheten för ungdoms-och civilsamhällesfrågor（2014）*Skolval 2014: Slutrapportering av uppdraget.*

（13）Skolverket（2012）*Mer om… Politisk information i skolan.*

（14）注5参照。

（15）文部科学省（二〇一七）『幼稚園教育要領、小・中学校学習指導要領等の改訂のポイント』。

第5章　スウェーデン発の「リカレント教育」と「生涯学習」

澤野由紀子

1　スウェーデンと世界の生涯学習政策

「人生一〇〇年時代」の教育

第四次産業革命と「人生一〇〇年時代」への対応を考える最近の日本の教育改革の論議の中で、社会人の学び直しの機会という意味で「リカレント教育」という言葉がよく使われるようになっています。「リカレント」とは「繰り返し流れを変える」という意味。学校教育を修了後、就職して定年まで働き続け、退職後は余暇を楽しむ、というような、従来は変えることができなかった人生の一方向の流れを改め、一度社会に出てからも必要に応じて大学などに戻って学び直し、その後はまた職場に戻ることを可能とする制度を「リカレント教育（recurrent education）」と呼んでいます。これは実はスウェーデン語の「オーテルコマンデ・ウートビルドニング（återkommande utbildning）」を英訳したもので、一九七〇年代にフランスのパリにあるＯＥＣＤ（経済協力開発機構）が「生涯学習」を実現するための具体的戦略として提唱したことから、世界各地に知られることとなった概念です。

「生涯学習」とは、生涯のいつでもどこでも学ぶことを表し、正規の教育修了証書や学位の取得につながるフォーマルな学校教育だけでなく、地域の図書館・公民館や博物館などで行われる講座や研修会、家庭内での躾、自己学習、旅をしながら偶発的に学ぶことなど、「ノンフォーマル学習」「インフォーマル学習」などとも呼ばれる様々な学びを含む概念です。

二〇三〇年を目標年として、二〇一五年に国連が定めた一七の持続可能な開発目標（ＳＤＧｓ）の第四の目標に、「すべての人に包摂的かつ公正な質の高い教育を確保し、生涯学習の機会を促進する」ことが定められました。このことからもわかるように、今や生涯学習は、発展途上の国を含む世界のすべての国々で「誰一人取り残すことなく」実現することが目指されています。

平等・参加・グローバリゼーション

この「生涯学習」は、一九六〇年代の社会・経済の変化と科学・技術の急速な発展を背景に、欧州評議会（Council of Europe）、国際連合教育・科学・文化機構（ユネスコ）、ＯＥＣＤといった国際機関が推進していくことを提案したものです。これらはいずれも、第二次世界大戦後の復興と恒久平和の構築を目指して設立された国際機関です。スウェーデンは、欧州評議会に一九四九年、ユネスコに一九五〇年、ＯＥＣＤに一九六一年にそれぞれ加盟しています。

一九六〇年代のヨーロッパでは、アメリカとソ連の冷戦と軍備拡張を背景に、ベルリンの壁の建設によるドイツの東西分断が生じました。このときナチス・ドイツと連合軍との激戦の地であるフランス・ストラスブールに本部を置く欧州評議会は、恒久平和への願いをこめて、教育・文化プログラムの中心に、生涯にわたる教育・学習として「永続的教育（l'éducation permanente）」を位置づけました。そして人々が生涯を通じて「平等」「参加」「グローバリゼーション」を三原則とする学びを続けることを可能とする教育制度改革を提唱しました。

生涯にわたる教育と学びという観点から教育制度全体を見直そうとする動きを促進するもう一つのきっかけとして、一九六〇年代後半に、反戦を訴える大学生による学生運動が、フランスとアメリカから世界各地に飛び火し、教育制度の歪みを是正することの必要性が認識されたことがあります。フランスでは、一九六八年にパリで「五月革命」と呼ばれる大規模な学生運動と労働者のストライキが行われました。その始まりは、欧州評議会に隣接するストラスブール大学で、一九六六年に起こった教授陣に民主化を要求する学生運動でした。スウェーデンでも、一九六八年五月に、フランスの五月革命の影響を受けたストックホルム大学の左翼学生が学生組合の建物を占拠するなどの抗議行動がありました。ＯＥＣＤはこの年に、教育改革の具体的手法について検討する教育研究革新センター（ＣＥＲＩ）を開設しました。

生涯教育から生涯学習へ

フランス語の「永続的教育（l'éducation permanente）」は、英語に直訳すると意味が伝わりにくいことから、その後「生涯教育（lifelong education）」と呼ばれるようになりました。ただし

「教育」は旧来の学校教育の教え込みなどのネガティブなイメージにつながることが多く、より多様な学びに学習者が主体的に取り組むイメージを強調するために、その後「生涯学習（lifelong learning）」（スウェーデン語では「リッフスロン・ラーランデ（livslångt lärande）」が用いられるようになりました。

一九六〇年代は、若年層の教育機会の平等化と量的拡大が進んでいくとともに、若年層と成人との間の学歴格差の拡大も問題となってきました。増大していく知識や新しい技術に対応し、人生を充実させるために、何歳になっても自らの意思で学び続けることができる「学習社会（learning society）」を築くことの必要性を唱える研究者も現れました。

日本ではこの学習社会論を提唱した人としてアメリカのシカゴ大学の教授だった教育哲学者ロバート・ハッチンス（一八九九～一九七七）がよく知られていましたが、ヨーロッパではスウェーデン人の教育学者・心理学者で未来学にも造詣が深かった、ストックホルム大学教授のトールステン・フセーン（一九一六～二〇〇九）が論客として有名でした。フセーンは、二〇世紀後半のスウェーデン国内の教育政策決定に専門家として関わっただけでなく、ユネスコや世界銀行、OECDなどの国際機関の教育関係の国際会議にも専門家として招かれ、幅広い視野から教育内容・方法のイノベーションを含む教育改革のあり方に関する提言をまとめた報告書の作成に関わってきました。

その底流には、戦争のない平和な社会の構築のために、出自や年齢、性別、障害の有無などに関わりなく、平等な教育と学びの機会を保障するべきであるという信念がありました。フセーンは、データや証拠に基づく教育効果の分析と教育政策の形成も重視しており、一九六二年から一九六九年まで、国際教育到達度学会（ＩＥＡ）の会長を務め、国際学力調査の実施においても中心的役割を果たしました。

成人にも教育機会を

ＯＥＣＤのＣＥＲＩにはスウェーデンの教育行政官だったヤール・ベングソン（生年不明〜二〇一二）が一九七一年から二〇〇二年まで職員として在職し、一九八九年からはＣＥＲＩ所長でもあったことから、スウェーデンにおけるリカレント教育や生涯学習推進の取組事例が報告書などでも度々取り上げられました。リカレント教育は、後にスウェーデンの首相となる社会民主党のオロフ・パルメ（一九二七〜一九八六）が教育大臣を務めていた一九六九年五月にベルサイユで開催された欧州教育大臣会議において、人生の初期の一定期間だけに集中している既存の教育制度の弊害を見直し、生涯にわたり教育を実現するための手段として提唱しました。中嶋博によれば、Recurrent Education という英訳を考えたのは、フセーンだったということです。[1] またベングソンは、この時、パルメ教育大臣のアドバイザーを務めていました。

スウェーデン国内では一九六七年から学歴の低い成人に教育機会を開く大規模な成人教育改革が始められ、一九六八年にパルメ教育大臣がリカレント教育の制度化を提案しました。一九六九年には、二五歳以上で五年以上の勤続経験のある社会人であれば、高等学校を修了していなくても入学を許可する制度が試行的に導入されました。一九七七年から勤続経験は四年以上とすることになり、「25・4ルール」として制度化されました。また一九七五年には、被雇用者が無給の教育休暇を取り、教育修了後は同じ職場に戻る権利が認められるようになりました。教育休暇中の社会人に対する経済的支援や、社会人のための全国高等教育適性検査試験を導入することも定められ、一九七七年から実施に移されました。これと並行して、義務教育（日本の小中学校に当たる基礎学校の一～九学年）後の後期中等教育の総合制化や、コミューン（日本の市町村に当たる）立の成人教育学校の開設も進み、高校レベルでもリカレント教育が可能となりました。

普及への壁

このうち、スウェーデンの大学における社会人のための特別入学制度や奨学金制度、並びに教育休暇制度は、リカレント教育の実現に不可欠の制度としてOECDや国際労働機関（ILO）が積極的に紹介したため、国際的に有名になりました。けれども一九七〇年代、中東戦争に伴う二回のオイルショックに見舞われた欧米先進諸国では、教育休暇制度が大きな論争の種となりました。

第二次オイルショック後の緊縮財政により、一九八〇年代の欧米では生涯学習とリカレント教育を推進するための政策は後退しました。若者のための伝統的教育制度の水準を高めることが優先され、その成果測定に力が入れられるようになりました。結局、教育休暇制度導入によるリカレント教育の制度を導入することができたのは、スウェーデンの他には、フランス、ベルギー、西ドイツの一部の州などに限られました。

フセーンは、二〇〇〇年代に入って当時のリカレント教育論を振り返り、フルタイムで定年まで仕事を続けることが可能な男性の職業人が主な対象とされ、よりきめ細やかな支援が必要となる女性や移民などマイノリティーへの配慮に欠けていたことが、リカレント教育の普及を阻んだ要因だったことを指摘しています。また、その後パートタイム就労が増大し、職場を離れずに仕事と学習を組み合わせる人々が増えたことも、当時の予想を超える展開だったと述べています。[2]

先進諸国では、一九八〇年代の経済情勢の悪化を背景に、生涯学習全体の振興はトーンダウンしていきましたが、二一世紀を目前に控えた一九九〇年代に入って、再びユネスコとＯＥＣＤが中心となって、来るべき知識基盤型社会を支える生涯学習を推進することの重要性が、強調されるようになりました。

北欧から全ヨーロッパへ

ヨーロッパでは、一九九三年にＥＣ（欧州共同体）がＥＵ（欧州連合）となり、生涯学習の伝統がある北欧のスウェーデンとフィンランドが、新たに加盟国に加わりました。ＥＵは、一九九五年一一月に教育・職業訓練白書として『教えることと学ぶこと－学習社会へ向けて』を発表し、二一世紀に向けた人づくり政策の基本に「生涯学習」を据えることを提案しました。ＥＵの生涯学習政策は、ＯＥＣＤの影響を受けて経済的な競争力向上や雇用のための教育・訓練に重点が置かれていますが、社会的結束を築き、人々の絆を深めるための学びや生き甲斐のための学びなど、人間的側面を重視するユネスコの生涯学習の考え方の影響も受けています。ＥＵのメンバーとなったスウェーデンとフィンランドは、一九七三年からすでにＥＣに加盟していたデンマークとともに、北欧型の民衆教育（社会の変革を目指す市民主体のノンフォーマル教育）の伝統に根ざす、全人的な人間形成を重視した生涯学習の理念と実践を、東欧の旧社会主義圏の国々を含めて拡大するＥＵに広めていきました。

実はリカレント教育の発祥の地であるスウェーデンでは、二一世紀の生涯学習政策の重点は、就学前教育や学校教育における学び方の基礎作りと、成人の多様な学びの評価に置かれるようになり、リカレント教育のモデルとして諸外国から注目されていた25・４ルールは学生の大学教育の質の低下につながっているとして、二〇〇八年に廃止されました。現在では言葉としても「オーテルコマンデ・ウートビルドニング」を聞くことはほとんどなく、継続教育を表す「フォートビルドニング（forbildning）」や「ヴィーダレビルドニング（vidareutbildning）」のほうがよく使われています。

本章では、一九六〇年代後半から二一世紀の初頭にかけて、世界の生涯学習政策のモデルともみなされてきたスウェーデンの生涯学習事情について紹介します。

2　「学習社会」スウェーデンの現在

理想の学習社会

先述のハッチンスは、一九六八年に出版した『学習社会』という本の中で、デンマークを理想の学習社会として紹介しています。デンマークには一九世紀からの民衆教育の伝統があり、成人の学びの機会が二一世紀の現在も充実しています。集団での学び合い、啓発というニュアンスがある「フォルケオプリュスニング」（「民衆教育」のデンマーク語）は、試験や成績評価を排除し、人間として生きるための学びを重視しているため、民衆教育の場では職業資格に直結したコースはあえて設けていません。隣国のスウェーデンには、このデンマークの民衆教育の理念に影響を受けながらも、時代の変化に対応して独自の発展をとげてきた「フォルクビルドニング」（「民衆教育」のスウェーデン語）があります。

「ビルドニング」は、単に知識や技能を習得するだけでなく、人格の全面的な開発を表すドイツ語の bildung から派生したスウェーデン語です。スウェーデンの民衆教育は、長く暗い冬季に農民がアルコール中毒にならないように学びの機会を提供するという、キリスト教会の禁酒運動に端を発しています。二〇世紀初頭には労働運動とも連動しながら発展し、社会民主主義の理念に根ざす参加型民主主義の「フォルクヘム（国民の家）」と呼ばれる社会体制の構築に寄与しました。また二〇世紀前半は女性の社会進出にも貢献しました。二〇世紀末からは、難民・移民の増大によるスウェーデン社会の多文化化にも対応しながら、発展を続けています。

ライフロング、ライフワイド

ＥＵの調査によれば、国民の生涯学習への参加率では、スウェーデンは二一世紀の現在もデンマークと一位、二位を争っています。スウェーデンの二五～六四歳の成人のうち四週間以内に教育もしくは職業訓練を受けたことのある人の割合は二〇一六年現在二九・六パーセントで、EU加盟諸国の中で第一位でした。[3] ちなみにデンマークは二七・七パーセントで二位でした。EUは二〇二〇年までにEU加盟国全体の二五～六四歳の生涯学習参加率を一五パーセントにすることを目標にしているのですが、ルーマニア(一・二パーセント)、ブルガリア(二・二パーセント)といった旧社会主義国が足を引っ張り、二〇一六年のEU平均は一〇・八パーセントで、目標達成は危ぶまれています。

また、二〇〇九年のEUの調査では、四歳から六五歳までの生涯学習参加率においても、スウェーデンはEU諸国の中で第一位。二位のデンマーク、三位のアイスランド(EU非加盟ですが教育協力事業には参加)とともに、ヨーロッパでは「ゆりかごから墓場まで」のすべての年齢層において大半の人が生涯学習を実現している国とみなされています。特に就学前教育・保育が充実していることが、生涯学習全体への高い参加率の要因になっていると分析されています。[4]

図表5-1は、二〇〇〇年に学校教育庁が二一世紀の生涯学習の概念を示した『生涯にわたり、生活の中に広がる学び』という報告書の中で、スウェーデンの様々な生涯学習の機会を示したものです。縦軸が人間の一生(ライフロング)を示し、横軸が生活の中に広がる(ライフワイド)様々な学習環境を示しています。オリジナルの図に二〇〇〇年当時にはまだ制度化されていなかった高等職業教育(Yh)を加えてみました。

このような幅広い生涯学習の機会をすべての人々に保障するには、教育政策、労働市場政策、産業政策、地方政策並びに社会政策を担当する国および地方の行政機関が、連携・調整を図るこ

図表 5-1　様々な政策部門にまたがる生涯学習

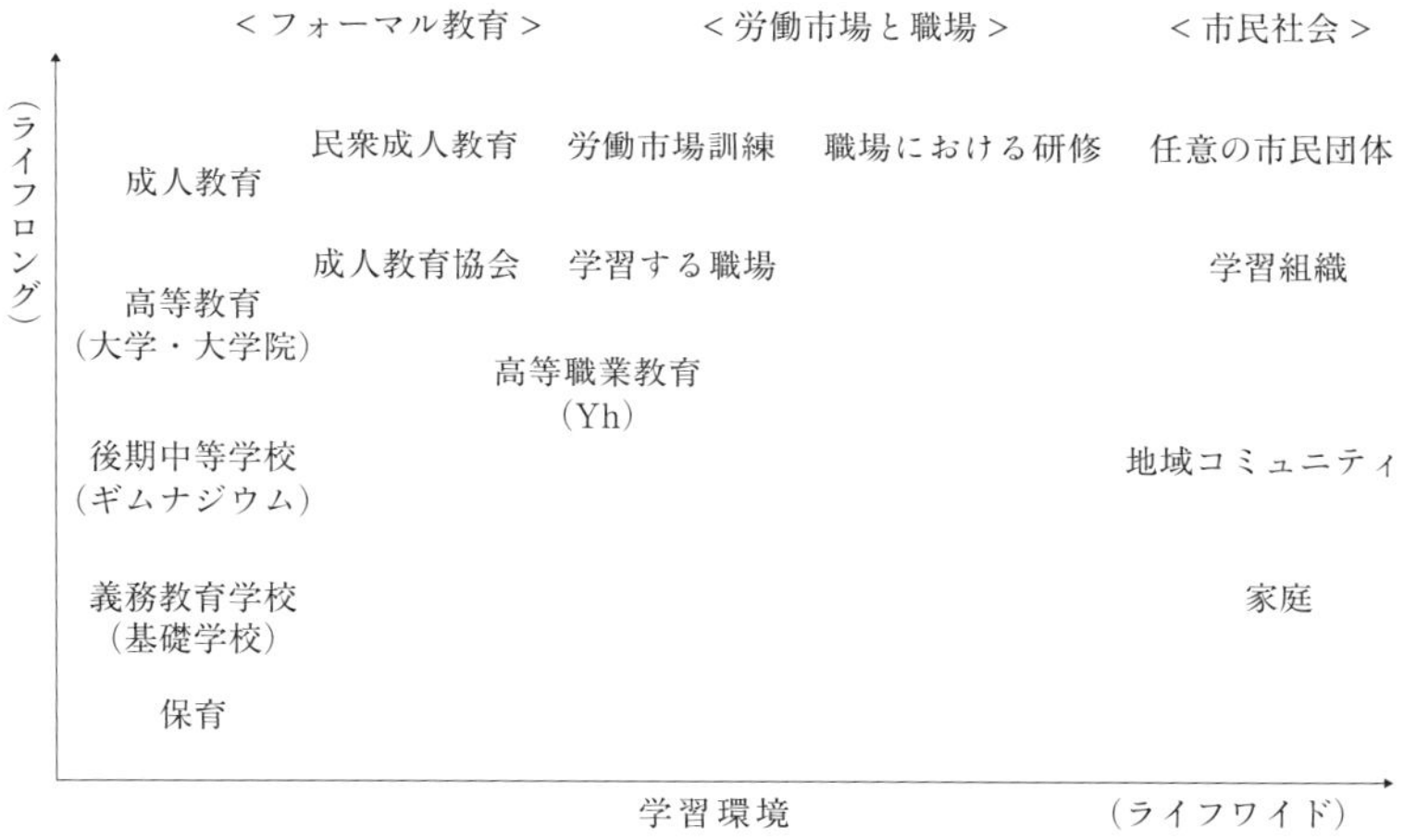

資料：Skolverket（2000）, *Det Livslånga och Livsvida Lärandet*, Stockholm, p.21.

るのではなく、民間企業や市民団体と分担していくことが重要と考えられるようになりました。ともに連携して、生涯学習が推進されています。さらには、近年、生涯学習の責務を国が独占す健康・社会事業省、環境・エネルギー省なども関わり、各省の政策の執行機関である様々な庁と業訓練）や職場での研修などは雇用省と企業イノベーション省、市民社会の取り組みは文化省やとが必要です。国の省庁で言えば、フォーマル教育は教育科学省が管轄しますが、労働市場訓練（職

高い学びのニーズ

実際にスウェーデンに滞在してみると、年齢にかかわらず、様々な形態で学び続ける人々が多いことに気づきます。夏季休暇中にフォークハイスクールの短期コースで好きな作家の文学について学んだり、退職後に大学で宗教学や生理学などを学ぶ中高年も多いです。街中には学校や大学以外にも様々な学びの場が目につきます。学びのガイドブックやチラシ、様々な教育機関のオープンキャンパスのパンフレットやポスターも至る所にあり、インターネット上の情報も充実しています。受講申し込みもオンラインで簡単にできます。多言語対応のパンフレットやウェブサイトも多く、移民・難民のニーズが高いことがわかります。

「リッフスロン・ラーランデ（生涯学習）」という言葉と概念も普及しています。就学前学校や基礎学校の教員などに教育活動で最も重視していることは何かを尋ねると、必ずと言ってよいほどに「デモクラティ（民主主義）」と並んで「生涯学習の基礎を育む」という答えが返ってきます。

大学・大学院では、多様な背景を持つ様々な年齢の学生が、共に学んでいるのが当たり前の光

景となっています。一九九〇年代後半から大学入学者の若返りを図り、社会人特別入学枠も大幅に縮小しましたが、高校を卒業してすぐに大学に進学する学生はあまり増えておらず、学生の平均年齢は、学士課程が二七・八歳、修士課程が二九・三歳という状況で、三〇歳以上の学生が学士課程二二・七パーセント、修士課程二六・三パーセントとなっています（二〇一四年）。

移民・難民、学習障害者のコース

移民や難民としてスウェーデンに移り住んできたばかりの人たちは、コミューン立成人教育学校（ＫＯＭＶＵＸ）、フォークハイスクール（後述）や地域の学習センターなどで「移民のためのスウェーデン語講座（Ｓｆｉ）」を受講し、スウェーデンの法制度や生活様式についても学ぶことができます。また、成人が義務教育から後期中等教育レベルの普通教育や職業教育を受けることもでき、学習障害のある成人のためのコース（ＳÄＲＶＵＸ）もあります。民間の教育産業が提供する高校レベルのアート、ダンス、音楽、手工芸、メディア、航空技術などの補充コースも、成人学生の学び直しの場として活用されています。

好況に転じているとはいえ、二〇一七年の失業率は六・四パーセントで、二五歳以下の若年失業率は一七・二パーセントのため、就職に有利な職業資格を取得するために学ぶ人々も多いです。高校やＫＯＭＶＵＸでも初級の職業資格を取得することができますが、最近人気があるのは、より高度な職業資格が取得できる高等職業教育カレッジ（Ｙｈ）です。Ｙｈは大学と企業が連携して、理論の教育は大学が行い、実践的教育は職場が担い、学生は見習い訓練のような形で現場実習を行うことができます。

ダンス、音楽、映画、美術、工芸、服飾デザインなどの分野の専門家養成のための民間の芸術・文化講座（Konst- och kulturutbildningar）や、Yhや学習協会で開設されている聴覚障害者のための手話通訳者と、スウェーデン語を話すことができない人のための通訳者と翻訳家を養成する無料の通訳講座（Tolkutbildningar）も人気があります。また職業人のための現職研修、カンファレンスやセミナーなども、平日の日中によく行われています。

伝統的な教育の場も活用

先述の民衆教育の場としては、伝統的な「フォルクヘイスコーラ（国民高等学校）」や「学習サークル」が二一世紀の今も健在で、むしろ存在価値が増しています。

前者は一九世紀にデンマークのニコライ・F・S・グルントヴィが構想した農村青年のための全寮制の教育施設で、二〇世紀にかけて北欧全土に広まりました。近年スウェーデンでは受講者のライフスタイルに合わせて通学制のフォークハイスクールが増えています。日本ではデンマーク語の「フォルケホイスコーレ」の呼び名のほうがよく知られており、この名を冠した生涯学習団体やフリースクールもありますが、ここでは英語読みで「フォークハイスクール」と記します。

スウェーデンには、協同組合や宗教団体、地方自治体等が運営するフォークハイスクールが一五四校あります。一八歳以上であれば、誰でも、教材費や宿泊費以外は無料で利用できます。二週間から一カ月間の短期コースと、一年から三年間の長期コースがあります。コースやカリキュラムは各フォークハイスクールが自由に定めることができ、大学進学に必要な高校修了資格が取得できる普通教育講座の他、音楽、メディア、手工芸、演劇、外国語、スウェーデン語、ツーリズム、人種差別問題、異文化理解など、それぞれの学校の特色に応じた講座が開設されています。多くの参加希望者があった場合は、障害者、移民・難民など、学習ニーズがより高い人々を優先的に受け入れています。

二〇一五年の欧州難民危機以降は、二〇〇〇年代に増加したソマリア、エリトリアなどアフリカからの難民に加えて、アフガニスタンやシリアなどの難民の受講者が増えています。こうした人々はまず移民のためのスウェーデン語講座や普通教育講座を履修し、大学や高等職業教育カレッジへの進学を目指す人が多いようです。特にフォークハイスクールの普通教育講座修了者には大学の特別入学枠が設けられているため、難民・移民には大学進学の近道となっています。また多民族・多宗教の人々のニーズに合わせて、イスラム教、正教、ユダヤ教の宗教団体によるフォークハイスクールも開設されました。

フォークハイスクールでは神経系の障害や精神疾患を持つ受講者も増加傾向にあり、脳梗塞後の失語症のリハビリ中の人々のための、朗読講座を設けているフォークハイスクールもあります。

学習サークルには一七〇万人

一方の学習サークルは、二〇一七年現在、一〇の学習協会によって組織されています。学習協会には、一九世紀末から二〇世紀初頭に始まった社会運動に端を発する労働者教育協会（ＡＢＦ）、市民学校（Medborgarskolan）、禁酒教育活動協会（NBV）、共通感覚（Sensus）、学習推進（Studieframjande）、国民大学（Folkuniversitetet）、形成（Bilda）、大人の学校（Vuxenskolan）の他、二〇〇八年にイスラム教系の団体が創設したイブン・ルーシュド（Ibun Rushd）と、二〇一〇年に非営利の文化運動組織から学習協会となった文化活動（Kulturens）があります。社会運動から発生した学習協会のうち、ABFと市民学校以外は、キリスト教会、政治団体、大学や環境運動団体等により組織されていた複数の学習協会が統合して再編されたものです。

これらの学習協会の下には約二七万二千の学習サークルがあり、毎年のべ約一七〇万人が参加しています。学習協会の施設は駅の側や商店街などの便利な場所にあり、施設内の教室で協会の主催する講座や学習サークルが開催されています。学習サークルには子どもから高齢者まで誰でも参加することができます。通常八人から一二人くらいの参加者がいて、週一回定期的に集まり、一回あたり二〜三時間、一シーズンに八〜一二週間続けて活動を行います。

二〇世紀初頭の創設時の学習協会は、関連する社会運動に関わる人々のみを対象としていましたが、一九四七年、学習協会に対する国の補助金制度が導入された際に、二年以内に学習活動への参加者の半数以上を一般大衆とすることが求められたそうです。これによって学習サークルに参加する人々が著しく増えました。こうして、各学習協会では、創設時の社会運動の理念にもとづく学習活動だけでなく、学習者の趣味や教養のための学びの機会も提供するようになりました。このため、現在の学習協会が用意している講座は日本で言えばカルチャーセンターのようなラインアップとなっています。

「学習サークルデモクラシーの国」

学習協会は、スウェーデンの基礎自治体であるコミューンや雇用事業所からの委託を受けて、若年失業者のための講座、移民のためのスウェーデン語講座、学習障害のある人々のための後期中等教育、実用的民主主義学習推進などのコースも実施しています。実用的民主主義学習推進は、学習協会の職員が、地域や職場において団体を組織したり、ネットワークを構築したりするためのノウハウを指導する、いわゆる市民性教育の講座です。

パルメは、一九六九年の社会民主党の大会で、スウェーデンを「学習サークルデモクラシーの国」と呼びました。学習サークルは、フォークハイスクールとともに、現在も、スウェーデンの民主主義とインクルーシブな社会づくりに確かに貢献していると言えます。

この他に、図書館や博物館・美術館でも、夕方の仕事帰りや週末などに気軽に参加することができる読書会や講座が頻繁に開かれています。

ＩＴ大国ですから、こうした様々な生涯学習の場における講座は、今ではオンラインでも簡単に受講できます。それでも、スウェーデンの人たちは対面での講義やディスカッションを好み、コーヒー・紅茶にサンドイッチやフルーツを食べながら、学習者同士で対話をする〝フィーカ〟（コーヒーブレイク）の時間も大切にしています。

成人の学習能力向上に成果

年間を通してこうした幅広い生涯学習（図表５‐２）に参加しているスウェーデンの成人は、

図表 5-2 生涯学習の形態

フォーマル教育	ノンフォーマル学習	インフォーマル学習
基礎学校 高等学校 カレッジ / 総合大学 コミューン立成人教育学校（KOMVUX） 高等職業教育カレッジ（Yh） フォークハイスクール長期コース 労働市場訓練 移民のためのスウェーデン語（Sfi） 定期的職員研修	不定期職員研修 学習協会（学習サークル） フォークハイスクール 短期コース カンファレンス セミナー 研修日 プライベートレッスン	自己教育 何かを学ぶことを目的とする日常生活のなかの活動

資料：Statistika centralbyrån（2014）, *Vuxnus deltagande i utbildning 2011/2012*, p.7.

図表 5-3 スウェーデンの 25 ～ 65 歳の 1 年間の学習参加率（2012年）

	フォーマル学習・ノンフォーマル学習	フォーマル学習	ノンフォーマル学習	現職研修	余暇のノンフォーマル学習
計	72	13	67	59	24
女性	74	16	69	60	27
男性	69	11	65	58	21
（年齢）					
25-34	79	28	67	57	28
35-49	77	13	73	67	24
50-64	62	4	61	52	21

数字はパーセント、複数回答。

資料：スウェーデン統計局、http://www.scb.se/

図表5-4　PIAAC 2011-2012 領域別平均得点ランキング

レベル	リテラシー(平均点)	ヌメラシー(平均点)	ITを用いた問題解決力 (レベル2と3の割合) (パーセント)
平均以上	296:日本 288:フィンランド 284:オランダ 279:スウェーデン 278:ノルウェー 276:エストニア 275:フランダース (ベルギー) 274:チェコ共和国 274:スロバキア共和国 273:カナダ	288:日本 282:フィンランド 280:オランダ 279:スウェーデン 278:ノルウェー 278:デンマーク 276:スロバキア共和国 276:チェコ共和国 275:オーストリア 273:エストニア 272:ドイツ	44:スウェーデン 42:フィンランド 42:オランダ 41:ノルウェー 39:デンマーク 38:オーストラリア 37:カナダ
平均	273:全参加国平均 273:韓国 272:イングランド・ 北アイルランド	269:全参加国平均 268:オーストラリア	36:ドイツ 35:日本 35:フランダース (ベルギー) 35:イングランド・ 北アイルランド 34:全参加国平均 33:チェコ共和国 32:オーストリア
平均以下	271:デンマーク 270:ドイツ 270:アメリカ合衆国 269:オーストリア 269:キプロス 267:ポーランド 267:アイルランド 262:フランス 252:スペイン 250:イタリア	265:カナダ 265:キプロス 263:韓国 262:イングランド・ 北アイルランド 260:ポーランド 256:アイルランド 254:フランス 253:アメリカ合衆国 247:イタリア 246:スペイン	31:アメリカ合衆国 30:韓国 28:エストニア 26:スロバキア共和国 25:アイルランド 19:ポーランド

1列目と2列目には23カ国が含まれる。報告時にデータが不足していたため、ロシアが除外されている。3列目には19カ国しか含まれていない。これは、キプロス、フランス、イタリア並びにスペインはITが充実した環境での問題解決力を測定しなかったためである。

資料：Fridberg, T. et.al. (2015) *Adult Skills in the Nordic Region: Key Information-Processing Skills Among Adults in the Nordic Region*, Norden p.13.

七割以上に上ります（図表5－3）。どの学習形態においても、女性のほうが男性よりも多く参加し、また若年層のほうが中高年よりも参加率が高い傾向がみられます。

このように、まさに「学習社会」を実現しているスウェーデンですが、その成果は成人の学習能力の高さに表れています。図表5－4は、OECDが二〇一一～一二年に、二四カ国の一六～六五歳の人々を対象に実施した国際成人力調査（PIAAC）の国別の平均点を、調査領域ごとに示したものです。リテラシー（読解力）とヌメラシー（計算力）は日本が一位ですが、スウェーデンも四位と上位に位置しています。さらに、コンピュータやインターネットを用いた問題解決力では、スウェーデンは優れた成績を上げた人の割合が最も多く、一位でした。

一五歳を対象とするOECD生徒の学習到達度調査（PISA）では、スウェーデンは二〇〇〇年の第一回調査からすべての調査領域で一貫して平均点が下がっており、二〇一二年調査では全領域でOECD諸国の平均点以下となり、「PISAショック」が生じていました。その要因としては、難民・移民の子どもの急増とその入国時の年齢が上がっていることや、非ヨーロッパ系言語を母語とする児童・生徒の増加等が指摘されていました。このため、PIAACの好成績は、移民を含むすべてのスウェーデン人に対する、これまでの生涯学習の取り組みが成功していることを示す安心材料として、受けとめられました。PISAの成績がふるわない生徒たちが大人になったときに、このような学習能力の水準を維持できるかどうかが、これからの課題となりそうです。

3　スウェーデンの生涯学習資格枠組みと学習成果認定

国際情勢と教育改革

スウェーデンの生涯学習政策は、ベルリンの壁崩壊とソ連邦の解体に伴い、ヨーロッパの国際情勢と経済状況が大きく変化した一九九〇年代に見直しが行われ、政策の重点が従来の成人のリカレント教育振興から、生涯学習の基礎を育むための幼児教育と初等中等教育、並びに成人の完全雇用に向けた職業教育に置かれるようになりました。一九九六年以降は、①デイケアセンター（保育所）、プリスクール（幼稚園）、余暇センター（学童保育）と学校教育の統合、②後期中等教育を受けていない成人のために毎年一〇万人分の無償教育の場を確保、並びに③高等教育進学者の倍増と、教育の質向上等を目標とする大規模な教育改革が行われました。

一九九六年は年頭にＯＥＣＤ教育大臣会議が開催され、「万人のための生涯学習の実現」を加盟各国の教育政策の優先課題とすることが提言された年です。また、ＥＵも同年を「ヨーロッパ生涯学習年」とし、生涯学習の概念を欧州市民に広めることを目的とする事業を実施しました。前年にＥＵ加盟を果たしたばかりのスウェーデンでは、こうした国際的動向を重視し、一九九六年だけで生涯学習に関するシンポジウム、交流活動、調査研究など一五〇以上の事業を行い、ＥＵの一員としての意識を高めていきました。[5] 以後、他の北欧諸国と連携しながら生涯学習関連の具体的施策を次々と導入し、その成果を英語で広く発信し、国際教育協力においても生涯学習の

図表5-5　2015年版スウェーデン生涯学習資格枠組み（SeQF）

2017年7月1日から導入

	知識 （経験的・理論的知識）	技能 （課題に取り組み、問題を解決するための技能）	コンピテンス （責任をとり、評価し、自主的に行動し、協働する能力）
レベル1	・特定の仕事もしくは学びの分野における基礎的一般的知識と、簡単な指示や記述を理解できることを示すことができる。	・特定の仕事もしくは学びの分野における単純な課題を遂行し、簡単な指示や記述に従うことができる。	・指導の下に、単純な課題を遂行し、他者と協働することができる。
レベル2	・特定の仕事もしくは学びの分野における知識と、どのようにして事実を収集し、報告するかについての知識を拡充することができることを示すことができる。	・特定の仕事もしくは学びの分野における単純な規則、方法と道具を用いて課題を遂行し、指示と記述に従うとともに、複数の仕事ないし学習領域における事実を検索し、作成することができる。	・いくぶんの自主性を伴いつつ、監督下で簡単な課題についての責任を担い、共同の成果に貢献し、自らの到達点を評価することができる。
レベル3	・特定の仕事もしくは学びの分野における課題を遂行するために必要な知識と、情報を収集し、体系化し、報告するための知識を示すことができる。	・指定された方法、道具、材料を用いて情報を選択・活用し、与えられた時間内に自分一人で、もしくはグループで、課題を遂行し、自主的に情報を検索・処理し、経験と知識について自らの母語でコミュニケーションを取ることができる。	・自らの学びと課題の完成、個人の成果と共同の成果を評価し、異なる情報源からの情報を評価することに責任を持つことができる。
レベル4	・特定の仕事もしくは学びの分野におけるより深い知識と、モデルや方法についての知識を示すことができる。	・特定の仕事ないしは学びの分野における意義のある概念、理論、モデル、材料、道具並びに方法を選択・活用し、指示にしたがい、与えられた時間内に、定められた実践的・理論的課題を遂行し、少なくとも一つの外国語で現在の仕事ないしは学びの分野についてコミュニケーションを取ることができる。	・特定の仕事と学びの分野において自主的に作業に着手し、省察し、組織し、遂行し、自主的に内容を検討し、学びと専門性開発を継続し、自ら情報や価値観を批判的に評価・選択し、自らの、あるいは共同の結論を導き出し、他者との協働に対して責任を担い、他者の仕事をある程度評価することができる。

	知識 （経験的・理論的知識）	技能 （課題に取り組み、問題を解決するための技能）	コンピテンス （責任をとり、評価し、自主的に行動し、協働する能力）
レベル5	・特定の仕事ないしは学びの分野における専門的知識と、当該分野を含む幅広い知識や付随する知識、仕事の過程と、質の基準についての知識を示すことができる。	・特定の仕事ないし学びの分野における専門的仕事を計画・実施し、そのための情報源をみつけ、問題を解決し、少なくとも一つの外国語で問題解決の方策についてコミュニケーションを取ることができる。	・特定の分野の仕事もしくは学びの分野に取り組み、さらなる学びと専門性開発を継続し、仕事もしくは学習活動の進捗状況を評価し、計画したプロジェクトを遂行することができる。
レベル6	・特定の仕事ないしは学びの分野における先端的知識と、その分野の知識の発展のために確立されている方法論についての知見、当該分野のあらゆる領域における深い知識、現行の研究・開発に関する問題に対する立場を示すことができる。	・特定の仕事ないし学びの分野における問題を特定し、提起し、分析するとともに、複雑な課題を遂行し、国内的および国際的文脈において、それに関する取り組みと解決策についてコミュニケーションを取ることができる。	・仕事もしくは学びの分野における情報と方法を関連する社会的・倫理的・科学的側面を考慮しながら評価し、専門的知識を仕事と学びの領域に応用し、職場における個人および集団の開発の管理について責任を担うことができる。
レベル7	・特定の仕事ないしは学びの分野における相当に先端的知識、研究・開発の方法に関する深い知識と、現行の研究・開発の諸問題に対する深い洞察力を示すことができる。	・研究・開発の業務に参加し、問題を特定し、提起し、先端的で複雑な課題を評価・解決し、国内的および国際的文脈において研究領域の知識基盤並びに結論についてコミュニケーションを取ることができる。	・特定の仕事もしくは学びの分野における情報、事実並びに方法の重要な側面を評価し、さらなる知識の必要性を特定し、当該領域の発展の機会と限界を評価し、独立した仕事と学びの分野のための責任を担い、指導し、自らの研究・開発の成果に責任を持つ。
レベル8	・特定の仕事、学びおよび研究の分野における最も先端的で体系的な知識、明確な分野における現代の専門的知識並びに隣接分野の概要、特定の仕事、学びもしくは研究の分野における一般的および専門的な知識開発の方法を習得していることを示すことができる。	・複雑な現象、問題並びに状況を分析、総合し、批判的に検討・評価し、研究・開発その他の質の高い課題を計画・実施し、国内的および国際的文脈で研究・開発の成果についてコミュニケーションを取ることができる。	・特定の仕事もしくは学びの分野における研究・開発を評価し、自らの研究、革新もしくは開発の課題を創造・選択し、科学の発展の機会と限界について評価し、研究・開発の成果に責任をもち、専門的開発およびビジネス面での開発を責任を持って主導する。

資料：Förordning om referensram för kvalifikationer för livslångt lärande（SFS 2015:545）.

図表 5-6　EQF と SeQF の対照表

EQFレベル	SeQF	正規の教育資格
レベル 1	SeQF1	特別支援基礎学校修了
レベル 2	SeQF2	基礎学校・特別学校・特別支援高校・移民のためのスウェーデン語Dコース・フォークハイスクール基礎学校コース修了
レベル 3	SeQF3	該当なし
レベル 4	SeQF4	高校修了、高校レベルの成人教育修了、フォークハイスクール高校普通教育コース修了
レベル 5	SeQF5	高校エンジニア課程修了、高等職業教育修了
レベル 6	SeQF6	学士号、高等職業教育専門的職業資格取得
レベル 7	SeQF7	修士号
レベル 8	SeQF8	博士号

資料：Förordning om referensram för kvalifikationer för livslångt lärande (SFS 2015:545).

振興に力を入れたことから、EUを始めとする国際社会でスウェーデンの存在感が増していきました。

知識基盤型経済・社会に対応

EUは二〇〇〇年から知識基盤型経済・社会に対応した一つの生涯学習圏の構築に本格的に取り組み、二〇〇八年には「生涯学習の欧州資格枠組み」（EQF）を発表し、EU加盟各国の既存の教育資格をこれに合わせることを勧告しました。また、この枠組みを用いて、高等教育と職業教育・訓練の質保証のための評価を、国際、国、地方の各レベルで行うことを共通原則としました。さらに二〇〇九年には、欧州職業訓練開発センター（CEDEFOP）が「ノンフォーマル学習およびインフォーマル学習の認定のための欧州ガイドライン」を発表しました。これは、加盟各国において、学校教育だけでなく、職場や地域社会、家庭における仕事や様々な活動の中で習得した知識、技能並びにコンピテンス（実践的能力）を、学び直しの際の出発点を見出したり、正規の教育資格や職業資格の取得につなげること、そのための認定評価の仕組みを制度化すること、教育や就労のために国境を越えた人々の移動をしやすくすることなどを提案し、そのための具体的な手段を示すものでした。

スウェーデンでは、こうしたＥＵの提案を受けて、二〇一一年にスウェーデン政府からの委託を受けた高等職業教育庁が、ＥＱＦに対応した八段階のスウェーデン生涯学習資格枠組み（ＳｅＱＦ）を提案しました。二〇一五年に高等職業教育庁が発表し、二〇一七年から導入されているＳｅＱＦです。**図表５‐５**は二〇一五年にＥＵが定めた生涯学習の欧州資格枠組み（ＥＱＦ）とＳｅＱＦの対照表です。また**図表５‐６**はＥＵが定めた生涯学習の欧州資格枠組み

ＳｅＱＦは、ＥＱＦをモデルとして、レベル１（義務教育修了）からレベル８（博士号取得）まで、それぞれの段階において習得すべき知識、技能並びにコンピテンスを示しています。ＥＱＦと比べると、各レベルにおける到達目標がより明確になっており、特に技能の面では母語と外国語によるコミュニケーション能力を重視し、他者と協働するコンピテンスが早期から意識されていますます。このあたりにスウェーデンらしい生涯学習の特色が表れていると思います。

多様な学習の成果を認定

スウェーデンでは二〇〇〇年に「成人学習と成人教育の発展に関する法律」が採択され[6]、スウェーデン在住のすべての住民がコミューンの成人教育において知識とコンピテンスの認定を受け、それを文書化（ドキュメンテーション）することを可能としなければならないこととなりま

した。二〇〇三年には、「学習成果認定に関する法律」が採択されました。[7] この法律において、学習成果認定とは、「個人が習得した知識とコンピテンスを、それらがどのようにして習得されたかにかかわらず、体系的査定、評価、文書化と認定を行うプロセス」と定義されました。これは、スウェーデン国内あるいは国外で習得したことや、学校教育以外の場で習得したこと、最近習得したことからかなり前に習得したことまで、様々な学びの成果を認定することを意味しています。[8]

二〇〇九年からはスウェーデン高等職業教育庁が、学習成果認定に関する広報活動を始め、教育機関やスウェーデン商業連盟、スウェーデン建設業職業訓練委員会、交通業職業教育・労働環境協議会等の民間企業団体と連携しながら、国レベルで行う学習成果認定を支援しています。同庁は学習成果認定のポータル・サイトを設け、[9] 二〇一〇〜一一年にかけて認定の基準や方法の開発に取り組み、多様な学習成果認定のための国の基準と質保証のためのガイドライン並びに認定書の様式を定めました。

個人の学習成果認定については次の法律で定められています。

第一は「高等教育法」の第六〜八条です。[10] すべての高等教育機関は、正規の教育修了資格を有さず、評価を要請する応募者に、従前学習や経験による学習成果の認定を行うこととされています。ただし、ここでいう学習成果の認定は、「インフォーマル学習およびノンフォーマル学習の認定」と言うよりはむしろ「職歴ないしは学歴の認定」です。

第二は「高等職業教育カレッジ法」の第一二条にあり、[11] 高等職業教育カレッジの学生が他の職業訓練によって習得したり、仕事やその他の機会を通して習得した知識、技能およびコンピテンスに対して単位を認定することとされています。

第三は、二〇一〇年に改正され二〇一一年から適用された新「教育法」の第二〇～二二条にあります。[12] 旧教育法では移民のためのスウェーデン語講座の受講生についてのみ実施が定められていた従前学習の認定に関する規定が、ＫＯＭＶＵＸやＳÄＲＶＵＸにも適用されました。これにより、これらの成人教育機関の受講生は学習成果認定を受けることができるようになり、法律や規定に従って学習成果認定を実施することが校長の任務となりました。

全国の学習成果認定のコーディネートと支援についての全般的責任は、高等職業教育庁が担っています。

個人の費用負担はほぼない

外国で習得したフォーマルな学習の成果認定は、複数の機関において行われています。外国で取得した教育修了証書の査定は、大学・カレッジ庁（ＵＨＲ）が行うこととなっています。国外で取得した教員資格は学校教育庁が査定します。保健関係の職業資格のうちのいくつかの査定と認定は、保健・福祉庁が行います。後期中等教育未修了者の学習成果認定は、ＫＯＭＶＵＸの教育カウンセラーおよびキャリア・カウンセラーが行います。職業教育・訓練の学習成果認定は、公共雇用サービス局が部門ごとの社会的パートナーと協力して行います。

一方、ノンフォーマル学習およびインフォーマル学習の成果認定は地方やコミューンで行われることが多く、コミューンの成人教育システムに組み込まれています。ノンフォーマル学習およびインフォーマル学習の成果認定の方法を開発する際には、教育行政当局、産業界の諸団体、大学とコミューンが協力して行うことが奨励されています。

学習成果認定の最も大きな課題の一つに、費用負担の問題があります。個人の知識、技能とコンピテンスを認定するには、約一万クローナ（約一四万円）以上の費用がかかりますが、個人がこれを負担することはありません。唯一の例外は「特別試験」と呼ばれる学習成果認定で、初等中等教育レベルの単位や教育修了証書を取得するために、個人が生活の中で身につけた知識・技能（「リアル・コンピテンス」と呼ばれています）の認定を受けるもので、五〇〇クローナ（約七〇〇〇円）が個人負担となります。具体的な学習成果認定に対する公的資金の投入は、次のように行われています。

自治体や行政機関でも

コミューンが行う学習成果認定　コミューンは、最も多くの学習成果認定の実施について責任を担っています。特に保健・医療や高齢者介護の分野のように、コミューンが雇用主でもあり教育・訓練も所管している場合、学習成果認定を担当します。例えば、長年保健・医療や介護の分野でアシスタントとして働いてきた人が、看護師になるための職業訓練を受けることを希望し、自らのコンピテンス、技能および経験についての公的文書を必要とするような場合、学習成果認定を独立した活動として行う場合と、当該分野におけるキャリアアップのための研修の一環として行う場合があります。このような形での学習成果認定は、国が五五パーセント、コミューンが四五パーセントの費用を分担し、通常はＫＯＭＶＵＸの予算枠で行われます。

公共雇用サービス局が行う学習成果認定　公共雇用サービス局は、コミューンに次いで多くの学習成果認定を実施しています。職業安定所は失業者のために就職先や職業訓練機関を斡旋することを任務としますが、学習成果認定は自ら行わずに、コミューンや学習成果認定センターに委託することが多いようです。学習成果認定の頻度が多い分野には、製造業、保健および交通などがあります。

社会保険庁が行う学習成果認定　社会保険庁は、障害があるため、もしくは転職のために、リハビリテーションが必要な個人の知識、技能および経験を認定します。その費用負担も同庁の責務とされています。

社会団体が開発した学習成果認定のツールと方法を会社が利用する場合　雇用主の団体や商工団体などの社会団体が共同で学習成果認定のツールや方法を開発し、それを会社が改組の際などに従業員の研修を行う前に利用するように、雇用主が費用を負担します。

高等教育に関する学習成果認定　大学・カレッジは、外国で取得した学位や単位並びにアカデミックな経験の認定の費用を負担します。スウェーデン人の入学希望者の学習成果認定の費用負担は各大学が行います。[13]

各業界も協力

個人に対する学習成果認定に関する情報提供は、コミューンの後期中等教育レベルの成人教育学校に配置されているカウンセラーや、職業安定所の職業カウンセラーが行っています。また、高等職業教育庁は、学習成果認定ポータルサイトを用いて各人の状況に応じた学習認定の実施主体を案内するとともに、学習認定の重要性を解説するようなオンライン・ツールを提供しています。

また、民間企業における学習成果認定の情報を広めるために、約二五の業界団体と約一三〇の職能団体からなる全国的ネットワークが形成されました。このネットワークは学習成果認定の方法やモデル、将来的ニーズなどについての検討も行っています。交通業界など一部の業界では、インターネット上に学習成果認定に関するポータルサイトを設け、業界で必要とされる教育、技能やコンピテンスについての情報提供を行っています。

スウェーデンの学習成果認定システムの課題として、持続可能な財源確保や学習成果認定を実施する専門家の養成・研修とともに、質保証のための包括的枠組みが欠如していることが指摘されていましたが、今後はＳｅＱＦが質保証のための評価基準として活用されていくことが期待されています。

4　地域からおこすリカレント教育

格差拡大と変わりゆく職業

このようにしてスウェーデンでは、生涯学習といえば成人のためのリカレント教育、というイメージは払拭され、乳幼児期から高齢期までの生涯にわたる学びの機会に、いつでもほとんど無料で参加でき、多様な学びの成果を認定・評価する生涯学習のシステムがすべての人のために実現しています。けれども、**図表５－３**のデータから垣間見えるように、これだけ学びの機会が充実しているのに、学習活動にまったく参加していない人も一定数おり、様々な学びを繰り返す人との間の格差が増大しています。心身に障害のある人や、スウェーデン社会への適応に困難を感じている難民・移民などを包摂する場として、民衆教育に期待がかかっていることは先に述べたとおりです。

一方で、今後は知識基盤型社会・経済への移行と今後予想される人工知能（ＡＩ）の普及によって、職業生活においては知識・技能の高度化と、新しい職種に対応した職業訓練の必要性が増すことも予想されています。スウェーデン専門職労連（ＴＣＯ）によれば、スウェーデンの企業では、過去一五年間にＩＴ、金融、法律、マネージメントなどの分野で新しい職種に五〇万人分の雇用が創出されたということで、職業人の高等教育へのリカレントと、ノンフォーマル・インフォーマル学習の成果の認定・評価は大きな課題となっています。

キャンパス・バーベリの成功例

そこで、職場や居住地の近くに高等教育機関がない地域でも、大学・大学院へのリカレントを容易にする新しいタイプの生涯学習機関として成功しているキャンパス・バーベリの事例を紹介します。キャンパス・バーベリは、地域の学習センターの一つで、私は二〇一一年二月に訪問しました。

スウェーデンの学習センターは一九九〇年代初頭から二〇〇〇年代半ばに、成人のための多様な学習機会を統合する場としてコミューンに開設が進められ、ピーク時には全国に約二五〇件ありましたが、学習情報の提供や相談のみを行っていた小規模のセンターの中にはその後閉鎖になった所も多く、二〇一七年現在は八四件にまで減っています。存続している学習センターは、もともと高等教育機関や地域の企業等と連携した教育が充実していた所ばかりです。

キャンパス・バーベリはスウェーデン南部の西海岸に面するハランド県のバーベリ市にあります。バーベリ市は人口約五万五〇〇〇人。スウェーデンの電力の二〇パーセントを供給するバッテンフォール社のリングハル原子力発電所があります。夏は海水浴、冬は冷水浴を楽しむことのできる北海のリゾート地でもあり、原子力発電の他に、バイオエネルギー、風力発電、材木、製紙、物流、ＩＴ産業、観光業等を基幹産業としています。バーベリは二〇一〇年にスウェーデンのベスト・コミューンとして表彰されましたが、その理由の一つが、二〇〇三年に同市の学習センターとして開設されたキャンパス・バーベリの存在でした。

「未来へ向けた知識開発のハブ」

キャンパス・バーベリは「新しいアイディア、新しいコンピテンスの出会いの場。新しい未来へ向けた知識開発のハブ」を理念としています。校舎は二〇〇八年に、鉄道のバーベリ駅から徒歩三分の北海に面した保養地に新築しました。財政の五〇パーセントは市の成人教育予算、五〇パーセントは他の関係機関からの委託費や寄付金です。高等教育レベルの授業は、国の補助金により無料で行われています。

バーベリ市では、キャンパス・バーベリを市議会の直轄とし、他施設で行われている成人教育も含めて、市内の成人教育を統括するセンターという位置づけにしています。このため、所長には大きな権限が与えられています。現所長のウルリック・ビヨルク氏の前職は、経済学を専攻するボロース大学の教員で、同大学では教育学科長を務めていたこともありました。大学教員の職を辞して学習センターの長となったことに驚く人もいたそうですが、ビヨルク氏はキャンパス・バーベリでは革新的な取組みができるため、ここでの仕事にやりがいを感じているとのことでした。

キャンパス・バーベリは市内の他の成人教育機関と連携している他、ボロース大学、ハルムスタッド大学、ショーヴデ大学、ヨーテボリ大学、マルメ大学、シャルマー大学およびヨンショーピン大学と連携して、高等教育レベルのコースを提供しています。また、ＥＵや企業等と連携した研究開発事業を行っています。

バーベリ駅から徒歩3分、北海に面した保養地にあるキャンパス・バーベリの施設。新しいタイプの生涯学習機関として成功している。

地域おこしを教育へ還元

就労に直結した資格取得課程が充実しているキャンパス・バーベリには、スウェーデン全土から学生が集まり、毎年約四〇〇〇人が利用しています。学生の中には、他の大学や大学院を一度修了している者も少なくありません。教職員は約三〇人。大学との連携コースでは、各大学からも教員が派遣されます。

キャンパス・バーベリでは、学習者のニーズに即応するために、常にプログラムの見直しを行っています。二〇一七～一八年度は、**図表5-7**のようなコースとプログラムが実施されていました。

表に挙げた他に、健康・フィットネスマネジメント分野の高等教育（修士課程）コースもありました。これらのコースの受講者には、ＥＵの「エラスムス・プラス計画」（ＥＵが二〇一四年から七カ年計画として導入している青少年、学生、社会人に、外国での勉学、職業訓練・研修、ボランティア活動並びに教育・研修機関の国際交流を促進するための助成制度）による留学の機会も開かれています。

これらの他に、連携大学が主として週一回夜間に実施する独立コース、バーベリの夏を楽しみながら興味・関心に応じた補足的学習を行うことのできる夏期コース、一般市民にも公開される早朝のブレックファスト・アカデミーや公開講座が実施されています。また、大学ともネットワークがあるキャンパス・バーベリの図書館は、誰もが学習に利用できる場となっています。

キャンパス・バーベリには、二〇〇八年一二月に地域おこしのための雇用開発に取り組む研究所として同じ建物内に設置された「アレクサンダーソン・インスティテュート」もあります。こ

図表 5-7 キャンパス・バーベリのコースとプログラム(2017/18年度)

高等職業教育(Yh)コース	
建築エンジニア	電子デザイナー
測量技術	鉄道プロジェクター
換気・暖房・衛生エンジニア	複合的材料テクノロジー
バイオガス・治水管理技術	ロジスティック
風量発電専門エネルギーエンジニア	医療事務
ソーラーセル専門ソーラーエネルギープロジェクター	

高等教育(学士課程)コース	
店舗管理プログラム	就学前教員
イベントマネジメント	就学前学校および1～3学年の基礎学校教員
学習・キャリアガイダンス訓練	看護学

独立コース
教育実践研修(就学前学校・基礎学校・余暇センター教員対象)
レッジョ・エミリア方式の指導法(就学前学校・基礎学校の校長対象)

こには六～七人の専任職員を常駐させ、ボロース大学と連携したイベントマネージャーの養成、観光客をターゲットとしたスパ・ビジネスの研究開発並びに起業を目指す学生への支援等を行っています。

このように地域の産業のイノベーションを目指し、研究開発に取り組むことで、その成果を教育活動にも還元することが可能となっています。[14]

何より、民主主義の理念を強調した伝統的な民衆教育の場や、アカデミックな雰囲気の強い大学とは違って、おしゃれでかっこいいイメージの職業や起業に直結した学びは、若者には魅力的に映るようです。

ローカルな取り組みへの参考に

以上、本章では、二〇世紀の後半から世界の生涯学習政策をリードしてきたと言っても過言ではないスウェーデンにおける、二一世紀初頭の生涯学習の現状について紹介してきました。

日本政府は、安倍政権が提唱する「人づくり革命」の具体策を検討するため、二〇一七年九月に有識者会議「人生一〇〇年時代構想会議」を結成しています。人的資源管理論の権威である英国ロンドン・ビジネス・スクール教授のリンダ・グラットンをメンバーに含む同会議では、幼児教育や高等教育の無償化とともに、社会人の学び直しのためのリカレント教育の充実が主要テーマの一つとなっています。経済産業省においても、第四次産業革命と「人生一〇〇年時代」を視野に、企業の代表や有識者を招いて「『Edu-tech』『リカレント教育』に関する大臣懇談会」を開始していています。グラットンは従来の「教育→仕事→引退」という三ステージの生き方が当たり前だった時代は終わりを迎え、ライフステージの選択肢と移行の機会が増えるマルチステージの人生が登場すると予測しています。[15] これは、「変更のきかない教育→仕事→レジャー→引退という順序を個人が放棄することを可能とし、個人にこれらの諸活動を混合し、交互に行うことができるようにする[16]」ことを目指す「リカレント教育」の考え方と類似するものです。六〇歳で定年を迎える人生では、リカレントを繰り返す余裕はほとんどないのが現実でしたが、一〇〇歳超の人生設計となれば、様々なことにチャレンジできそうです。世界で先鞭をきって「人生一〇〇年時代」を迎えることが予想される日本で、「リカレント教育」推進の機がようやく熟してきたとみることもできますが、高等教育を始めとする社会人の学び直しのための費用負担や多様な学習成果の評価など、日本はまだまだ検討すべき課題が山積みです。

スウェーデンにおけるリカレント教育と生涯学習の取り組みは、国の規模や人口構成の違いもあって、そのまま日本の「モデル」とするわけにはいきませんが、学習者の多様性に配慮した学習成果認定の手法や、地域における生涯学習推進の実践には参考にできる部分も多いのではないでしょうか。

注

（1）中嶋博（一九九四）『学習社会スウェーデンの道標』近代文藝社、一四七頁。
（2）Husen, T.（2002）, "Education in 2000 and 2025: Looking Back to the Future", in Edit. Istance, D., Schuetze, H. and Schuller, T., *International Perspectives on Lifelong Learning: From Recurrent Education to the Knowledge Society*, SRHE, pp.26-30.
（3）http://ec.europa.eu/eurostat/statistics-explained/index.php/File:Lifelong_learning_2011_and_2016_(1)_(%25_of_the_population_aged_25_to_64_participating_in_education_and_training)_YB17.png
（4）European Commission（2009）, *Commission Staff Working Document: Progress Towards the Lisbon Objectives in Education and Training-Indicators and Benchmarks 2009*, European Union, pp.34-37.
（5）Sven Salin & Chris Waterman（2000）, Sweden, in Edit. C. Brock & W. Tulasiewicz, *Education in a Single Europe: Second edition*, Routledge, p.345.
（6）「成人学習と成人教育の発展に関する法律」（2000/2001:72）。
（7）「学習成果認定に関する法律」（DS2003:23）。
（8）Thomson, I.（2010）, *European Invenroty on Validation of Non-formal and Informal Learning 2010*, Country Report: Sweden, Cedefop.
（9）https://www.valideringsinfo.se
（10）「高等教育法」（1993:199）。
（11）「高等職業教育カレッジ法」（2009:130）。
（12）新「教育法」（Skollagen, 2010:800）。
（13）Cedefop（2009）, *Vocational education and training in Sweden, Short description*（Cedefop Panorama series 180）, Office for Official Publication of the European Union.

（14）二〇一一年二月一〇日、キャンパス・バーベリにおけるUlric Björck氏への聞き取り調査および施設見学にもとづく。澤野由紀子（二〇一二）「スウェーデンにおける地域を基盤とする生涯学習振興に関する研究－地域のニーズに即応する『学習センター』の実践」『日本生涯教育学会論集 33』pp.53-62.

（15）リンダ・グラットン、アンドリュー・スコット、池村千秋訳（二〇一六）『ライフ・シフト　１００年時代の人生戦略』東洋経済新報社。

（16）文部省大臣官房（一九七四）『リカレント教育―生涯学習のための戦略―』（MEJ 6856 教育調査・第八八集（昭和四九年三月））、文部省。

参考文献

（1）澤野由紀子（二〇一三）「スウェーデン民衆教育における市民性教育」、近藤孝弘編『統合ヨーロッパの市民性教育』名古屋大学出版会、二三一～二四五頁。

（2）澤野由紀子（二〇一六）「グローバル社会における教育の『北欧モデル』の変容」、北村友人他編『グローバル時代の市民形成』（岩波講座　教育　変革への展望　第七巻）、二四一～二七六頁。

（3）澤野由紀子（二〇一七）「生涯学習推進と高等教育―世界と日本」『日本生涯教育学会年報』第38号、pp.1-6.

おわりに

鈴木賢志

本書のタイトル「みんなの教育」には、スウェーデンでは誰もが教育を受けることができる、という意味が含まれているのはもちろんですが、それだけではありません。現在の日本の教育に見られる様々な壁を取り払い、みんなひっくるめて「分けない」ことが、より良い教育につながるというメッセージも込められています。

第1章「スウェーデンの起業家精神教育」では、「自分で考え、自分で判断し、自分で行動する」という北欧共通の教育思想に基づいて、スウェーデンの学校が、就学前教育の段階から起業家精神の育成を目標に掲げて、具体的にそれを実践している様子が明らかにされています。

日本人の感覚からすれば「まだ三つ四つの子どもたちに起業家精神？」といぶかしく思う人が少なくないでしょう。しかしスウェーデンの学校法には、すでに就学前学校の段階から、「大人は、子どもが信頼感と自信をもつように支援をすべきである」「子どもたちの好奇心、起業家精神、そして興味を励まし、学ぶ意欲と意思を刺激すべきである」ということが明確に定められているのです。

もちろんスウェーデンといえども、就学前の子どもたちが実際に起業するわけではありません。けれども、自分で考え判断する態度を育み、学ぶ動機を維持し、かつ自分たちの行動が実社会に影響を与えることができる、ということが感じられる様々な体験を通じて、子どもたちが将来成長して何かのアイディアを思いついたときに、それを臆せず実行に移すことができるような姿勢を、まだ小さいうちから植え付けておこうということなのです。

最近では日本でも自主性を重んずる教育の必要性が唱えられるようになってきましたが、あくまで教育は学校の中で行われるものであって、実社会とは「分けて」考えるのが日本では一般的です。しかし、学校と実社会を「分けない」ことで、将来の社会に活力を与える人材を作っていこうとするのが、スウェーデン流なのです。

第2章「スウェーデンのアウトドア教育」では、そもそも「自然環境で保育することは素晴らしい」のはなぜか、という問いが発せられます。日本でも幼稚園教育要領や保育所保育指針には「戸外で遊ぶ」ことが記されていますが、その理由は明らかではありません。

筆者はリンショーピング大学アウトドア環境教育センターの修士課程の授業やスコーグムッレ（森のムッレ教室）への参加をはじめとした、スウェーデン各地における様々なアウトドア教育の視察を通して、その理由に迫っていきます。そして自然を感じ、豊かな森と共に過ごしながらリアルな感覚経験を得ること、単なる知識や技術の理解や習得を目指す「スキル教育」から、やる気を育てる「モチベーション教育」とのバランスを保つことによって、子どもたちの人格形成の基礎を培い、社会問題を解決できる発想豊かな子どもたちを育てることにつながると論じます。このことは、先に述べた起業家精神教育に大きく重なっています。

さらに、数の数え方をどんぐりで学んだり、木の枝を使ってモノの長短を教えたりする算数の授業の魅力が述べられていますが、これはアウトドアの活動があくまで教室内の活動の延長線上にあって、戸外と室内を「分けない」ことが、より大きな成果を生むことを示唆しています。ここは本書を貫くメッセージと相通ずる部分です。

第3章「スウェーデンの学校とインクルーシブ教育」は、スウェーデンで教師として長年働いてきた筆者ならではの、豊富な経験に裏打ちされた鋭い観察にあふれています。インクルーシブ教育とは、障害の有無や貧困・移民などの社会・経済的な背景、性別や人種、宗教などで子どもたちを「分けない」で、全ての子どもが同等に学校で教育を受ける権利を保障することを目指す、という教育理念です。すなわち、子どもたち一人ひとりが異なる個人として受け入れられ、尊重され、それぞれに合った教育環境と支援を整えていくことを目指しています。

ここでも生徒たちが知識や技術を受け身で学ぶのではなく、自発的にしっかりした動機をもって能動的に学ぶ、というスウェーデンの教育における基本的な姿勢が強調されていますが、その中でも特に目を引くのが、筆者が現在担当している日本語教育のプログラムが、まさに生徒たちのイニシアティブによって設立されたという経緯です。生徒たちが署名を集め、校長先生に直談判して新しい科目を作るなんて、日本であれば高校はおろか大学でも考えられない話です。

このように誰もが尊重されるスウェーデンの教育は、理想的にも思えますが、筆者はそこに潜む二つの問題点も明らかにしています。一つは、生徒たちがあまりに恵まれすぎているがゆえに、それを当然のことと思い、感謝することなくひたすら要求しているように見えてしまうことの危うさです。もう一つは、私立学校や特別支援教育など、他との差別化や特別な措置を要求する声に対応する難しさです。「分けない」ために、みんなの声が尊重されるのですが、その声が「分ける」ことを求めている場合には、どのようにしてバランスを取るのか。この問いに対する答えは、スウェーデンもまだ模索中です。

ところでスウェーデンにおいては、教育に限らず社会の全ての側面において民主的な価値観が重視されています。そして、ここまでふれてきませんでしたが、実は起業家精神教育においても、アウトドア教育においても、またインクルーシブ教育においても、それらが民主的な価値観に根差していることが、筆者たちによって指摘されています。

第4章「スウェーデンの主権者教育」は、この民主的な価値観がスウェーデンの学校でどのようにして育まれているのかを論じています。中でも特に日本人にとって示唆に富むのは、世の中のルールはみんなで作るものであること、そしてそのルールは、社会が変われば変わりうるものである、と教科書に書かれていることです。こう書けば、それは当たり前のことだと思う人が多いでしょう。けれども、大多数の日本の学校ではそのように教えていません。日本の場合、たとえば生徒たちにとってのルールである校則は、生徒たち自身が作るものではなく、しかもたやすく変わるものではありません。教科書に何と書いてあっても、それはあくまで建前、キレイ事でしかないのです。そのような教育を受けてきた日本の若者に対して、いくらテレビでタレントが「選挙へ行こう」と呼びかけても、反応が薄いのは当然のことです。つまり、学校を外の社会と異なる世界として特別視するのではなく、「分けない」ことが重要なのです。政府が本当に投票率を上げたいのなら、やるべきことは他にあるのです。

第5章「スウェーデン発の『リカレント教育』と『生涯学習』」は、若いうちだけではなく、乳幼児期から高齢期まで、いくつになっても教育を受けることができる、まさにライフステージによって「分けない」を体現するスウェーデンの仕組みを明らかにしています。そもそも、一度就職したらもう学校には戻れないというのではなく、必要に応じて学び直すことのできる「リカレント教育」という発想を生み出し、それを世界に先駆けて実現したのはスウェーデンです。ヨーロッパは生涯学習への取り組みが全般的に進んでいますが、スウェーデンはその中でも一位、二位を争う参加率を誇っています。スウェーデンには就学前学校から大学までの通常の教育機関に加えて、コンブクス（KOMVUX）と呼ばれる市立成人教育学校や、フォークハイスクールや学習サークルと呼ばれる民衆教育の場があり、さらにそれらを統合した学習センターの活動が盛んな地域もあります。二五歳から六五歳の成人で、一年間のうちに、これらフォーマル、インフォーマルな教育の機会を利用する人々の割合が七割にも達しているのは驚くべきことです。

かつて日本が世界第二位の経済大国に躍進した頃に出版された『ジャパン・アズ・ナンバーワン*』には、日本人がいかに教育に力を注いでいたかが、日本の成功の秘訣として取り上げられていました。それから数十年が経過し、かつてのような奇跡的な経済発展は今や望むべくもありません。しかしながら今でも日本では、様々なことに耳を傾け、謙虚に学ぶという伝統的な姿勢を、多くの人々が受け継いでいるように思います。

スウェーデンの教育システムが全て優れているとか、だから日本も真似をしろというのは短絡的に過ぎる発想です。しかし本書で紹介した、スウェーデンにおける「みんなの教育」への取り組みについての理解が広がり、日本の教育システムをまた新たな角度から見直すことで、さらなる発展を導く力が日本から生まれてほしいと願っています。

＊　注

エズラ・F・ヴォーゲル、広中和歌子・木本彰子訳（一九七九）『ジャパンアズナンバーワン　アメリカへの教訓』TBSブリタニカ。

川崎一彦《かわさき・かずひこ》

一九四七年、滋賀県生まれ。東海大学名誉教授。ジェトロ（日本貿易振興機構）ストックホルム事務所、北海道東海大学教授、東海大学教授を歴任。共著に『フィンランドを知るための44章』、『フィンランドに学ぶ教育と学力』（以上、明石書店）、『スウェーデンの経済』（早稲田大学出版部）、監訳書に『光を求めて　デンマークの成人教育５００年の歴史』（東海大学出版会）他。

澤野由紀子《さわの・ゆきこ》

一九六〇年、東京都生まれ。聖心女子大学文学部教育学科教授。教育学修士。文部省調査統計企画課外国調査係、国立教育政策研究所生涯学習政策研究部、ストックホルム大学国際教育研究所客員研究員、ヨンショーピン大学全国生涯学習センター（ENCELL）上級評議員を歴任。共編著に『揺れる世界の学力マップ』（明石書店）、共著に『グローバル時代の市民形成』（岩波書店）、『海外の教育改革』（放送大学教育振興会）、『統合ヨーロッパの市民性教育』（名古屋大学出版会）他。

鈴木賢志《すずき・けんじ》

一九六八年、東京都生まれ。明治大学国際日本学部教授、スウェーデン社会研究所所長。政治・国際研究博士（ＰｈＤ）。ストックホルム商科大学欧州日本研究所で一〇年間研究・教育に従事した後、オックスフォード大学客員研究員を経て現職。著書に『日本の若者はなぜ希望を持てないのか』（草思社）、編訳書に『スウェーデンの小学校社会科の教科書を読む』（新評論）。

西浦和樹　にしうら・かずき

一九七一年、京都府生まれ。宮城学院女子大学教育学部教授、同大学院健康栄養学研究科教授。博士（心理学）。二〇一一年から二〇一二年にかけてリンショーピング大学客員教授としてスウェーデンに滞在。共訳書に『創造的問題解決　なぜ問題が解決できないのか？』『北欧スウェーデン発　森の教室：生きる知恵と喜びを生み出すアウトドア教育』（以上、北大路書房）。

アールベリエル松井久子　あーるべりえる・まつい・ひさこ

一九六七年、岐阜県生まれ。スウェーデン・トゥンバ高校教諭。お茶の水女子大学大学院人文科学研究科修了、学術修士。瀧野川女子学園高校教諭を経て一九九四年よりスウェーデン在住。ストックホルム教育大学等で教員養成の再教育を受け、ストックホルム日本人補習学校講師、ストックホルム大学非常勤講師等を歴任。

みんなの教育　スウェーデンの「人を育てる」国家戦略

二〇一九年八月二〇日　第二刷発行

著者　川崎一彦・澤野由紀子・鈴木賢志・西浦和樹・アールベリエル松井久子

ブックデザイン　鈴木成一デザイン室
発行者　中野葉子
発行所　ミツイパブリッシング
〒〇七八-八二三七　北海道旭川市豊岡七条四丁目四-八　トヨオカ七・四ビル　3F-1
電話　〇五〇-三五六六-八四四五
E-mail: hope@mitsui-creative.com
https://mitsui-publishing.com
印刷・製本　モリモト印刷

Printed in Japan.　ISBN978-4-907364-08-3 C0037